論語徵集覽卷之七

魏　何晏　集解

宋　朱熹　集註

大日本　藤維楨　古義

物茂卿　徵

從四位侍從源賴寛　輯

述而第七

新此篇多記聖人謙己誨人之辭及其容貌行事之實

子曰述而不作信而好古竊比於我老彭

古包氏曰老彭殷賢大夫好述古事我若老彭但述之耳

新 述傳舊而已作則創始也故作非聖人不能而述則賢者可及竊比尊之之辭我親之之辭老彭商賢大夫見大戴禮蓋信古而傳述者也孔子刪詩書定禮樂贊周易脩春秋皆傳先王之舊而未嘗有所作也故其自言如此蓋不惟不敢當作者之聖而亦不敢顯然自附於古之賢人蓋其德愈盛而心愈下不自知其辭之謙也然當是時作者略備夫子蓋集群聖之大成而折衷之其事雖述而功則倍於作矣此又不可不知也

古義 述者依古而傳之也作者始創其事也竊比尊之之辭我親之之辭老彭商賢大夫見大戴禮蓋信古而傳述者也兩者皆不自我作古之謂老彭偶有若此之美故夫子竊比之云亦謙辭述而不作不自用也信而好古必考古也夫子之德賢於堯舜何所不能作然每祖述堯舜憲章文武皆好古傳述而不敢有所創作者何哉蓋聖人之所以爲聖人者不在自用其智而在廣資衆智不好自我作古而好事必稽古況往聖典則布在方策述之而有餘信之而可法何以創作爲夫子之言

蓋慎妄意造作也論曰宋儒每以發前聖之所未發爲功殊不知聖人之言徹上徹下無所不備無所不到豈復有所未發而必待後人之發之邪若孟子性善養氣等說皆爲仁義而發本述夫子之言者也先儒以爲發前聖之所未發而亦自欲以其說附于孟子之後持敬主靜等說種種繼作而其論道必曰虛靈不昧必曰冲漠無朕必曰明鏡止水必曰體用一源顯微無閒其言皆出於佛老之緒餘而至於吾孔孟之書則本無此語亦無此理謂之述而不作信而好古可乎其是非得失不待辨而明矣

徵述而不作信而好古。是必古稱老彭之語。孔子誦之以自比也以其行適同也是孔子知命之言。王者不興。孔子不克當作者之聖。故云爾。大戴禮虞戴德篇子曰。丘於君。唯無言。言必盡。於佗人則否。公曰。教佗人則如何。子曰。否。丘則不能。昔商老彭及仲傀。政之教大夫。官之教士。技之教庶人。揚則抑。抑則揚。綴以德行。不任以言。庶人以言。猶以夏后氏之袝懷褐也。行不越境。袝蓋玉名。衣褐懷玉也。以此觀之。老彭古之善教人者也。而孔子以教學爲事。故以自比之也。舊註。竊比尊之之辭。我親之之辭。殷世甚遠。孔子何以親之。邢昺疏。老彭卽莊子所謂彭祖也。李云。名鏗。堯臣。封於彭城。歷虞夏至商。年七百歲。故以久壽見聞。世本云。姓籛名鏗。在商爲守藏史。在周爲柱下史。年八百歲。一云即老子也。崔云堯臣，仕殷世，其人甫壽七百年。王弼云老是老聃，彭是彭祖。凡此諸説，誕不足信。然古來多壽必稱彭祖，則必其壽世所希有者，其以老見稱，必世享天子養老之禮者。它若老聃亦必屢享國老之養，故以老顯也。其以彭爲聃者，蓋孔子以我親之親其所師也。然老彭《大戴禮》明言商，則不可從矣。古者學祭先聖先師。《文王世子》曰：凡學，春官釋奠于其先師，秋冬亦如之。鄭註：若漢禮有高堂生，樂有制氏，詩有毛公，書有伏生，億可以爲之也。又曰：凡釋奠者，必有合也，有國故則否。

鄭註國無先聖先師則所釋奠者當與鄰國合也按彭城近魯則魯必祀老彭爲先師故孔子竊以尊之我以親之也述而不作有不能作者有能作而不敢作者能作而不敢作是以稱焉古者古之道也謂堯舜禹湯文武之道也信之故好之好之故博學而詳盡之是以能述焉老彭則不可得而考矣若孔子之聖可以作而可以述也命不至故不敢作故曰知命之言也朱子曰不惟不敢當作者之聖而亦不敢顯然自附於古之賢人蓋其德愈盛而心愈下不自知其辭之謙也殊不知孔子

不作禮樂，故曰不作。豈謙乎哉？先師當尊，豈可命以謙乎？且其意以智自高，俯視萬世如蟲蟻然，以此其心而視孔子，故以爲謙爾。然則孔子非聖邪？虞夏商周之道待孔子而載諸簡策，孔子則古聖人之道。若有若亾。中庸曰：苟不至德，至道不凝。是其所以聖邪？

仁齋先生曰：聖人之所以爲聖人者，不在自用其智，而在廣資衆智；不好自我作古，而好事必稽古。是其意固執孟子賢於堯舜之言，而謂古聖人之道，孔子猶有所不取焉。孔子貴中庸，是其所以賢

舜之大智中庸

於古聖人也殊不知古聖人之道本非一聖之所能建乃歷數千載衆聖所成故雖孔子之聖不學則不能知之孔子深知其如此故深信而篤好之此孔子之意也若夫不在自用其智而在廣資衆智者可以觧舜之大智已果仁齋之言是乎則孔子之於古聖人猶舜之於群下也抑揚之閒可不愼乎且中庸德也非道也孔子之言中庸乃登高必自卑意豈謂孔子之道爲中庸乎且宋儒合道德而一之仁齋亦狃其舊習乃莊老之遺謬戾之大者也

子曰：默而識之，學而不厭，誨人不倦，何有於我哉？

【古】鄭玄曰：無是行於我，我獨有之。

【新】識，記也。默識，謂不言而存諸心也。一說識，知也，不言而心解也。前說近是。何有於我，言何者能有於我也。三者已非聖人之極至，而猶不敢當，則謙而又謙之辭也。

【古義】識，知也。默而識之，猶曰靜言思之。言不待人言而自識之也。學而不厭，誨人不倦，二句語孟中凡三出，而他章皆無默而識之一句，故不從舊說。何有於我，言此二者之外，何德能有於我也。蓋不厭不倦，皆夫人所能，外此別無可稱者。此雖謙辭，益見其德之盛也。此二者雖常人皆可得而及，故夫子毎自當之。然推其極，則有非聖人不能至者。子貢知之，故曰：學不厭，智也；教不倦，仁也。仁且智，夫子既聖矣。蓋道愈宏，則其言愈卑；德愈卲，則其言愈謙。何者？道德自充足於己，故自不敢事高遠。若夫其言好爲高遠者，皆以其所處之卑也。

子欲無言陽貨篇

日出而作逸士傳擊壤歌

徵 默而識之，不言而喻也。學之道在默而識之。何者？先王之道，禮樂是已。禮樂不言，欲識其義，豈言之所能盡哉？習之久，則自然有喻焉。故子欲無言，及門人問之，而曰四時行焉，百物生焉。學之道其若斯乎？間或不得已而一言之，不憤不啓，不悱不發，皆欲其自得之也。故默而識之則好，好則學而不厭，不厭則樂，樂則誨人不倦。之三者相因而至焉。故曰何有於我哉，言其不容我力也。我者，我學者也。如日出而作，日入而息，鑿井而飲，耕田而食，帝之力于我何有哉。人多謂不假帝力也，殊不知作息食力協韻，力字句絶。作息飲食，皆帝所使也。莫所容我力也。正與此章同詁。朱註以爲孔子自謙之言，非矣。孔子語學問之方，何謙之有？仁齋先生曰：默而識之，猶靜言思之，倭人之言，何容乎辨？

子曰：德之不脩，學之不講，聞義不能徙，不善不能改，是吾憂也。

古 孔安國曰：夫子常以此四者爲憂。

新 尹氏曰：德必脩而後成，學必講而後明，見善能徙，改過不吝，此四者日新之要也。苟未能之，聖人猶憂，況學者乎？

古義 德因脩而進，學因講而明，徙義則善日長，改不善則惡日消。此四者，聖人豈不能哉？但夫子好學之深體道之無窮故自以爲憂也修德謂養仁義之良心也學者所以明此也聞義則徙不善則改皆所以脩德也蓋德者本也其所以成始成終者總在于學此孔門學問之極則學者之所當遵守者也夫道之無窮猶四方上下之無際愈出愈高愈入愈深是以學者有學者之學賢者有賢者之學聖人有聖人之學雖有大小淺深之不同然其歸則一不爲聖人而加不爲愚人而損道無窮故學亦無窮若自以爲得則非知道者也故雖以夫子之聖尚爾云云此道之所以爲大而夫子之爲聖也

徵 是吾憂也孔子憂夫門人之不脩不講不徙不改也誨人不倦之事焉孔子不以天下爲憂而以門人爲憂知命之言焉朱註以爲孔子自憂非矣脩者務美之也如脩飾脩潔脩治之脩性之德未

周語曰三時務農而一時講武

王子淵四子講德論見文選

易繫辭曰夫易聖人所以崇德而廣業也

孔子答子張顏淵篇

必美故務美之也講習也如講武之講漢以後以問難爲講如四子講德論及釋奠有講師讀師可以見己後世以明其理解之益失之矣易大傳曰崇德廣業是爲二事則徙義改不善崇德之目也孔子答子張曰主忠信徙義崇德也或以爲二或以爲四不必拘也

子之燕居申申如也夭夭如也

【古】馬融曰申申夭夭和舒之貌

【新】燕居閒暇無事之時楊氏曰申申其容舒也夭夭其色愉也　程子曰此弟子善形容聖人處也爲申申字說不盡故更著夭夭字今人燕居之時不怠惰放肆必太嚴厲嚴厲時著此四字不得怠

惰放肆時亦著此四字不得唯聖人便自有中和之氣

古義 燕居閒暇無事之時」此門人記夫子平居之容如此及乎其接人則亦自不同所謂君子有三變及子溫而厲威而不猛恭而安是也欲爲聖人之學者當先觀聖人氣象此卽學問之準則不可忽諸○程子曰此弟子善形容聖人處也爲申申字說不盡故更著夭夭字今人燕居之時不怠惰放肆必太嚴厲嚴厲時著此四字不得怠惰放肆時亦著此四字不得唯聖人便自有中和之氣

孔子曰見禮記雜記

徵 申申夭夭居不容也。孔子曰。張而不弛文武弗能也。弛而不張。文武弗爲也。一張一弛。文武之道也。是之謂乎。程子謂申申夭夭中和氣象。是誠然。然是特和順積於中而英華發於外者。盛德之至。豈可學而爲乎。宋儒輩多不學聖人之道。而欲學

聖人故云爾。聖人豈可學而能乎。按博雅作申申

妖妖。古字通用。

子曰：甚矣吾衰也。久矣吾不復夢見周公。

古 孔安國曰：孔子衰老，不復夢見周公。明盛時夢見周公，欲行其道也。

新 孔子盛時，志欲行周公之道，故夢寐之間，如或見之。至其老而不能行也，則無復是心，而亦無復是夢矣，故因此而自歎其衰之甚也。○程子曰：孔子盛時，寤寐常存行周公之道。及其老也，則志慮衰而不可以有爲矣。蓋存道者心，無老少之異；而行道者身，老則衰也。

古義 此門人常見夫子賢於堯舜，而今聞其思慕周公如此之甚，有竊異之心，因知其慕古之篤，好學之深也。蓋夫子壯時，切欲行周公之道於天下，故夜夢屢見之。及乎其老，無復是夢，而自知其衰之甚，蓋歎此道之不行于世也。論曰：夢者心之動也。夜之所夢，即晝之所思。人心不能無思，則不能

寐而無夢雖孩兒無知亦必有之但聖人無邪夢耳後儒惑於莊周至人無夢之說以夫子之夢爲寤寐常存行周公之道其弊至於強欲無夢而專務虛靜謬矣

【徵】孔子生于周之衰志於制作又人臣也故夢周公明王不作孔子五十而知天命故曰吾衰也天命不至天使孔子衰益知天命之不復至也故曰甚矣久矣程子曰寤寐常存行周公之道是其意寤則思寐則夢未嘗以爲無夢也仁齋先生乃謂惑於莊周至人無夢之說是果何所見也仁齋之於宋儒一如佛氏所謂有宿寃者邪世人多謂晝之所思夜則爲夢殊不知晝之思思而已矣夜之

思。乃爲夢焉。多思慮者多夢。其心慣乎動故也。或有晝之所思。滯而爲夢者。然不必皆爾。莊周所謂至人無夢者。謂莫非夢者也。

子曰志於道據於德依於仁游於藝

【古】志慕也道不可體故志之而已據杖也德有成形故可據依倚也仁者功施於人故可倚藝六藝也不足據依故曰遊

【新】志者心之所之之謂道則人倫日用之間所當行者是也知此而心必之焉則所適者正而無他岐之惑矣據者執守之意德則行道而有得於心者也得之於心而守之不失則終始惟一而有日新之功矣依者不違之謂仁則私欲盡去而心德之全也功夫至此而無終食之違則存養之熟無適而非天理之流行矣遊者玩物適情之謂藝則禮樂之文射御書數之法皆至理所寓而日用之

不可闕者也朝夕遊焉以博其義理之趣則應務有餘而心亦無所放矣○此章言人之爲學當如是也蓋學莫先於立志志道則心存於正而不他據德則道得於心而不失依仁則德性常用而物欲不行遊藝則小物不遺而動息有養學者於此有以不失其先後之序輕重之倫焉則本末兼該內外交養日用之間無少間隙而涵泳從容忽不自知其入於聖賢之域矣

【古義】志者心有所嚮望之謂志於道則心知所向矣」據猶據其地之據謂身居其地也據於德則身有所持矣」依者倚附不離之謂仁者道德之長依此而行則道立矣」遊者玩物適情之謂六藝之法皆人事之不可闕者時而遊焉則其材有所達而事無廢闕也」此孔門學問之條目當時弟子常所佩服者也道者人之所由行故曰志德者人之所執守故曰據仁則近而見於行者故曰依藝不可不講亦不可泥故曰遊此四者雖有大小之差然道之本末終始一以貫之故夫子次第言之非他答問之類也蓋古之學問必有條目顏子聞克己復禮之訓則請問其目及後篇興於詩等章皆是

九德書皐陶謨六德周禮大司徒易繫辭

也論曰道德仁藝本無二致此章大小始終立言自有其序大抵古人之書每言道德仁義而未嘗稱仁義道德何者謂之道德則自有仁義之實而未有仁義之名既謂之仁義則又各有其跡而不見道德之全此道德仁義之辨也

徵學也者學先王之道也學先王之道者志於先王之道得諸己以行世也先王之道大矣哉發育萬物峻極于天豈一旦所能得乎故曰志於道德者己之德也德人人殊各以其性所近而成焉虞書九德周官六德可以見已易大傳曰繼之者善成之者性是之謂也據者如據地而作據城而戰也我性之德守而不失可以進取故曰據於德依

聲依永書舜典

子曰里仁又曰
雍也篇

者違之反不相違離也如聲依永謂絲竹之聲與歌詠相上下不相離亦此意仁者長人安民之德先王之道爲安民設之故其道主仁然仁有所不及也於是衆德以輔之是先王之道所以爲美矣雖然所主在仁故凡道之在行者始於孝弟推而達諸天下一皆以生之成之長之養之之心行之而不與此心相離是謂之依於仁知仁勇三德之類凡所謂仁者皆指行言之亦此意矣蓋學問之道在依於仁苟能依於仁則衆德皆成故子曰里仁爲美又曰其心三月不違仁其餘則日月至焉

而已矣謂其它衆美自然來至也藝六藝也游猶游旅有時乎游可以娱我耳目發其意智也人之於藝亦爾有游則有息不于常之謂也雖然依於仁游於藝豈異事哉依於仁莫有所事以游於藝爲其事不識不知順帝之則仁之所以成也周禮至德以爲道本謂志於道也敏德以爲行本謂據於德也孝德以知逆惡謂依於仁也朱註游藝則小物不遺而動息有養夫六藝有禮樂豈得謂之小物哉仁齋先生曰六藝之法皆人事之不可闕者二子皆不識先王之教全在禮樂故爾夫六藝

者。聖人設此以養人之德性。可不學乎。

朱子曰。志者心之所之之謂。道則人倫日用之間所當行者是也。是志字從心從之。故爲此解。殊不知倉頡制字。取義一端。以便記憶。豈容固拘偏傍解乎。志謂心所存主也。否則匹夫不可奪志。玩物喪志。皆不可通矣。心所存主。日夜嚮注。於是迺有之意耳。人倫日用之間。是混乎中庸五達道也。殊不知五達道謂其可通行者已。豈可以盡於道乎。太哉聖人之道。發育萬物。峻極于天。豈必日用乎。德則行道而有得於心。僅有得乎心。豈足爲德乎。

不可奪志子罕篇　玩物喪志書旅獒

大哉聖人之道三句即中庸語

禮樂得於身據禮記樂記鄉飲酒義已見

古曰禮樂得於身謂之德得於身者能誠也能誠則不思而得不勉而中故凡道之一節誠于己皆謂之德或得諸性或得諸學故有九德六德種種之目朱子之解可謂陋已仁則私欲盡去而心德之全夫德既全矣尚何遺之有叚使私欲盡去苟不仁乎則達磨矣豈足論仁且何德非心德心德何必仁也皆不識仁者之言耳

子曰自行束脩以上吾未嘗無誨焉

古 孔安國曰言人能奉禮自行束脩以上則皆教誨之

新 脩脯也十脡爲束古者相見必執贄以爲禮束脩其至薄者蓋人之有生同具此理故聖人之於

人無不欲其入於善但不知來學則無往教之禮故苟以禮來則無不有以教之也

古義 脩脯也十脡爲束古者相見必執贄以爲禮束脩其至薄者」此見夫子誨人不倦之仁也言人不知來學則已苟以誠而來學則吾無不有以教之其欲人之入於善之心猶天地之徧萬物而一物不棄也

徵 檀弓曰。古之大夫束脩之問不出竟。少儀曰。其以乘壺酒束脩一犬賜人。穀梁傳曰。束脩之問不行竟中。言雖薄不出竟也。孔安國曰。言人能奉禮自行束脩以上。則皆教誨之。自從也。蓋束脩者始見之贄也。奉禮以見。從此以往。未嘗無誨也。鹽鐵論。桑弘羊曰。臣結髮束脩。得宿衛。延篤曰。吾自束脩以來爲人臣。梁商曰東脩勵節。賈堅曰吾束脩自立。皆謂束帶修飾。然束帶修飾不可謂行。則舊說爲優。

子曰不憤不啓不悱不發舉一隅不以三隅反則不復也

古 鄭玄曰孔子與人言必待其人心憤憤口悱悱乃後啓發爲說之如此則識思之深也說則舉一隅以語之其人不思其類則不復重教之

新 憤者心求通而未得之意悱者口欲言而未能之貌啓謂開其意發謂達其辭物之有四隅者舉一可知其三反者還以相證之義復再告也上章已言聖人誨人不倦之意因并記此欲學者勉於用力以爲受教之地也○程子曰憤悱誠意之見於色辭者也待其誠至而後告之既告之又必待

其自得乃復告爾又曰不待憤悱而發則知之不能堅固待其憤悱而後發則沛然矣

【古義】朱氏曰憤者心求通而未得之意悱者口欲言而未能之貌啓謂開其意發謂達其辭物之有四隅者舉一可知其三反者還以相證之義復再告也愚謂再告者再言而決之也」朱氏曰上章已言聖人誨人不倦之意因幷記此欲學者勉於用力以爲受教之地也○聖人欲人之入于善之心固雖無窮然學者無受教之地則猶下種不毛之地雖有時雨降奈其不生萌何蓋聖人欲學者爲受教之地而云然非不輕施教之謂也

【徵】求而不得則憤○求之切也○啓謂微示其端緒也○如元戎啓行○亦謂開其端也悱以口言之○腓痱皆訓萎○其義相通○謂其於辭猶有未達也○發如發揮謂達其枝葉也○舊註皆謂待其誠意告之○是誠爾○

元戎十乘以先啓行詩六月辭

發揮易文言

止語其心耳學問之道欲其自喻故孔門之教爲爾學記曰善歌者使人繼其聲善教者使人繼其志其言也約而達微而臧罕譬而喻可謂繼志矣又曰善待問者如撞鐘叩之以小者則小鳴叩之以大者則大鳴待其從容然後盡其聲又曰力不能問然後語之語之而不知雖舍之可也皆是道也自孟子以言語聒人而後諸老先生皆務欲咸輔頰舌謬哉夫君子之教如時雨化之大者大生小者小生故譬諸天地之德至矣哉焦氏筆乘曰曾見蜀有論語石經舉一隅下有而示之三字

子食於有喪者之側未嘗飽也子於是日哭則不歌

【古】喪者哀戚飽食於其側是無惻隱之心一日之中或哭或歌是褻於禮容

【新】臨喪哀不能甘也哭謂弔哭一日之內餘哀未忘自不能歌也○謝氏曰學者於此二者可見聖人情性之正也能識聖人之情性然後可以學道

【古義】夫子在有喪者之側哀戚之情若已有之故雖食不能甘哭謂弔哭一日之內餘哀未歌自不能歌也聖人之心慈愛惻怛無所不至故凶變之事雖在他人而若已有之其事雖過而餘情不已可見聖人仁心之厚無時無處不然非可以明鏡止水湛然虛明之說求之也

【徵】子食於有喪者之側未嘗飽也子於是日哭則不歌又稱顏子不遷怒是聖人之有餘哀而無餘怒也諸老先生粗鹵之甚其於七情也均視之故

宋元通鑑哲宗紀載方司馬光之卒也百官方有慶禮事畢欲往弔顧不可曰子于是日哭則不歌或曰不言歌則不哭

程正叔乃欲慶之日不弔。

子謂顏淵曰用之則行舍之則藏唯我與爾有是夫子路曰子行三軍則誰與子曰暴虎馮河死而無悔者吾不與也必也臨事而懼好謀而成者也

古孔子言可行則行可止則止唯我與顏淵同孔安國曰大國三軍子路見孔子獨美顏淵以爲己勇至於夫子爲三軍將亦當誰與己同故發此問孔安國曰暴虎徒搏馮河徒涉

新尹氏曰用舍無與於己行藏安於所遇命不足道也顏子幾於聖人故亦能之萬二千五百人爲軍大國三軍子路見孔子獨美顏淵自負其勇意夫子若行三軍必與己同暴虎徒搏馮河徒涉懼謂敬其事成謂成其謀言此皆以抑其勇而教之然行師之要實不外此子路蓋不知也○謝氏曰聖人於行藏之間無意無必其行非貪位其藏非獨善也若有欲心則不用而求行舍之而不藏矣

是以惟顏子爲可以與於此子路雖非有欲心者然未能無固必也至以行三軍爲問則其論益卑矣夫子之言蓋因其失而救之夫不謀無成不懼必敗小事尚然而况於行三軍乎

【古義】用之則有能行之道舍之則有能藏之德惟孔子與顏子爲有然萬二千五百人爲軍大國三軍子路以爲行三軍别有其材非用舍行藏之人之所能爲也故問夫子倘行三軍將與同歟亦與我歟暴虎徒搏馮河徒涉皆匹夫之勇非求全之道故夫子不與焉若夫敬事而不妄動悉慮而要其成者實君子之心衆之所倚賴夫子之所與必在于此蓋抑其血氣之勇而教之以義理之勇也馮氏去非曰道本期於用非獨善其身而已也然時不我用則有退藏而已用之而欲藏不仁也舍之時而欲行不智也是時欲扶世立功名者知行而不知藏欲潔身遺世者知藏而不知行此夫子所以旁觀一世惟顏子與己同也説者乃謂淵不願仕是以其迹而不知其心也爲邦之問槩可見矣

【徵】尹氏曰用舍無與於己行藏安於所遇命不足

內聖外王已見

道也是語孔顏之心雖眇乎無益於學者焉非孔子本意也行者行道於天下也藏者卷而懷之也謂知命也顏子知道之全故云爾仁齋先生曰用之則有能行之道舍之則有能藏之德是昧乎道德之字矣其意謂道德非二物行則道藏則德是宋儒舊套本於莊周內聖外王之說殊不知雖有至德苟不知先王之道曷行曷藏用之而莫有可行舍之而莫有可藏何以與于斯乎知道者鮮信哉且孔子以知天命自稱尹氏可謂駟不及舌已又據此章觀之顏子聖人也故孔子語以制作之

道而後世以亞聖稱顏子是其意謂聖人如來亞聖補處菩薩於是乎妄以己意作爲階級謂後儒不僭則吾不信矣

臨事而懼不驕之謂也好謀者有所營爲而不必任勇直遂也仁齋先生曰悉慮而要其成失字義矣蓋謀與慮殊謀者心有所營爲也慮者思之委曲也如出謀發慮可以見已裨諶謀於野豈必皆與人謀乎大氐用兵主謀驕而無謀所以敗也

出謀發慮禮記内則左傳襄三十一年曰裨諶能謀謀於野則獲

子曰富而可求也雖執鞭之士吾亦爲之如不可求從吾所好

【古】鄭玄曰富貴不可求而得之當修德以得之若於道可求者雖執鞭之賤職我亦爲之孔安國曰所好者古人之道

【新】執鞭賤者之事設言富若可求則雖身爲賤役以求之亦所不辭然有命焉非求之可得也則安於義理而已矣何必徒取辱哉○蘇氏曰聖人未嘗有意於求富也豈問其可不可哉爲此語者特以明其決不可求爾楊氏曰君子非惡富貴而不求以其在天無可求之道也

【古義】執鞭者之職言使富能長人之材益人之智有可求之義則雖爲賤職亦所不辭焉如求而無益則不若從吾所好之爲樂也奚必役役爲求之哉吾所好者即謂學也有求而有益于得者矣有求而無益於得者矣仁義忠信則求無不得而有益於得富貴爵祿非惟不可必得而亦無益於得此富之所以不可求也嘗曰十室之邑必有忠信如丘者焉不如丘之好學也雖執鞭之士吾亦爲之者豈外學問而夫子云之乎

好古本篇

【徵】富而可求如不可求如問諸人而決之所以教命也吾亦爲之從吾所好如獨斷之於已所以教決也孔子所好孔安國以爲古人之道朱子以爲安於義理仁齋先生引不如丘之好學三子之所好殊焉且安於義理所以從吾所好耳若其所好何唯義理而已哉學學古人之道也孔子又曰好古仁齋舍古而取學其意謂孔子之道與先王殊矣豈不牽所見乎孰謂漢儒失於聖人之意也不言貴而言富春秋之時爵位唯世故人求貴者鮮矣如秦漢以後乃反此

子之所慎齊戰疾

【古】孔安國曰此三者人所不能慎而夫子獨能慎之

【新】齊之爲言齊也將祭而齊其思慮之不齊者以交於神明也誠之至與不至神之饗與不饗皆決於此戰則衆之死生國之存亡繫焉疾又吾身之所以死生存亡者皆不可以不謹也○尹氏曰夫子無所不謹弟子記其大者耳

【古義】齊之爲言齊也所以齊不齊也將祭而戒也齊所以交於神明固不可不慎戰則國之大事人命之所繫而疾則吾身之所以死生存亡皆不可不慎焉聖人平生雍裕閑暇不見其迹惟於此三者慎之甚至故門人記之學者若於此苟焉則違天悖道可不謹乎

【徵】子之所慎齊仁齋先生何以言鬼神非孔子所貴也古者祀聖人配諸天道之所出焉故曰聖人故曰易上彖大觀

以神道設教夫戰者國之大事疾者身之所以死生存亡而齋乃冠是二者聖人之心其謂之何尹氏曰夫子無所不謹弟子記其大者耳宋儒可謂妄已何以見孔子無所不謹

子在齊聞韶三月不知肉味曰不圖爲樂之至於斯也

【古】周生烈曰孔子在齊聞習韶樂之盛美故忽忘於肉味王肅曰爲作也不圖作韶樂至於此此齊

【新】史記三月上有學之二字不知肉味蓋心一於是而不及乎他也曰不意舜之作樂至於如此之美則有以極其情文之備而不覺其歎息之深也蓋非聖人不足以及此○范氏曰韶盡美又盡善樂之無以加此也故學之三月不知肉味而歎美之如此誠之至感之深也

【古義】不知肉味言心一於是而不及乎他也夫子仰聖之深好古之篤忽聞韶而三月之間不知肉味嘆曰不意舜之作樂至於如此之美也蓋誠之至感之深不學自發其嘆如此〇按史記三月上有學之二字蓋史遷以三月不知肉味爲甚固滯故加學之二字以釋其意觀夫子夢見周公則聞韶而忘肉味亦奚容疑舜以上聖之德當極治之時故群聖之樂盡美盡善莫韶若也夫子偶聞其音而如親見虞帝之聖身在雍熙之時契之以心而非徒聞之以耳也論曰大學曰心不在焉視焉而不見聽焉而不聞食焉而不知其味先儒會其義以爲人心之應物各會其境事過即平不固滯住著猶鏡之照物應而無迹也然聖人之所以異於衆人者不在心之住不住而在好善之篤與否焉蓋其好善也篤故其心之住于善也亦深故聖賢之取人也專稱其好善好學而未嘗問心之住不住也韶者樂之盡美盡善者也使衆人聞之固非不悅也而其好之之不篤故其感之之不深唯夫子顧見聖人之心不啻如饑之於食故及聞其樂心醉神怡至三月之久不自知其味此所以爲

發憤忘食本篇
手舞足蹈禮記樂記
鄒外庵外集經說

聖人也夫方食肉則食爲主而聞韶之心餘念未化不知其味若以正心說律之則不免爲心不正也先儒嫌其與此章相盭遷就牽合欲會于一然彼此扞格無柰其終不相入何予故謂大學蓋齊魯諸儒所撰而與孔門之旨異矣

徵子在齊聞韶三月句聞韶者學韶也朱註引史記三月上有學之二字爲是或謂論語脫二字者非矣師涓之於靡靡明皇之於霓裳聞輒得之深於樂者皆爾何必如小子學樂者受譜然乎故聞即學也不知肉味如發憤忘食如不知手之舞之足之蹈之聖人好樂之至也曰不圖爲樂之至於斯也外庵曰不意齊之爲樂至此耳如今之說則

孔子之視舜劣而小之甚矣爲是朱子曰極情文之備是何能盡乎樂樂記曰可以觀德矣孔子以此觀舜德故嘆之耳非聖人之深於樂安能然乎朱子以爲樂爲作樂故屬諸舜然爲樂與作樂殊矣故外庵爲是仁齋先生引夢見周公而謂三月忘肉味亦奚容疑以排大學食而不知其味也所見極是秪三月屬下句一聞而三月忘味豈有是理乎且大學別有所指排宋儒而及大學寃哉古註此齊不成言

冉有曰夫子爲衛君乎子貢曰諾吾將問之入曰伯

夷叔齊何人也曰古之賢人也曰怨乎曰求仁而得仁又何怨出曰夫子不爲也

古 鄭玄曰爲猶助也衛君者謂輒也衛靈公逐太子蒯聵公薨而立孫輒後晉趙鞅納蒯聵於戚城衛石曼姑帥師圍之故問其意助輒不乎孔安國曰夷齊讓國遠去終於餓死故問怨邪以讓爲仁豈怨乎」鄭玄曰父子爭國惡行孔子以伯夷叔齊爲賢且仁故知不助衛君明矣

新 爲猶助也衛君出公輒也靈公逐其世子蒯聵公薨而國人立蒯聵之子輒於是晉納蒯聵而輒拒之時孔子居衛衛人以蒯聵得罪於父而輒嫡孫當立故冉有疑而問之諾應辭也伯夷叔齊孤竹君之二子其父將死遺命立叔齊父卒叔齊遜伯夷伯夷曰父命也遂逃去叔齊亦不立而逃之國人立其中子其後武王伐紂夷齊扣馬而諫武王滅商夷齊恥食周粟去隱于首陽山遂餓而死怨猶悔也君子居是邦不非其大夫況其君乎故子貢不斥衛君而以夷齊爲問夫子告之如此則

其不爲衛君可知矣蓋伯夷以父命爲尊叔齊以天倫爲重其遜國也皆求所以合乎天理之正而即乎人心之安旣而各得其志焉則視棄其國猶敝蹝爾何怨之有若衛輒之據國拒父而唯恐失之其不可同年而語明矣○程子曰伯夷叔齊遜國而逃諫伐而餓終無怨悔夫子以爲賢故知其不與輒也

古義爲猶助也衛君出公輒也靈公逐其世子蒯聵公薨而國人立蒯聵之子輒於是晉納蒯聵而輒拒之冉有以爲輒以子拒父夫子之所不助故與子貢語而子貢諾之若此○舊說時孔子居衛按季桓子卒康子召冉求至哀公十一年猶在魯而孔子亦歸魯其間未有冉求過衛事今見冉求子貢問答則是時夫子恐當在魯也衛輒之罪固不待問然夫子之仁不棄物則未可知也伯夷叔齊疾惡之甚者也故子貢以此問夫子試其與不與如何以決其可助與否也怨恨也言夷齊之行雖高而其實皆出於慈愛惻怛之心而毫無所怨故曰求仁而得仁又何怨子貢見夫子以賢人許

王氏論己見

夷齊而尚疑其不免有怨則夫子之所不與也故又以怨乎發問而夫子又許其仁於是知其終不助輒也○夷齊之事傳記不詳孟子稱非其君不事非其友不友不立於惡人之朝不與惡人言史記所載兄弟遜國之事不足考信故特依孟子爲斷子貢之問若世所謂隱語者而夫子初不解其意所在直稱夷齊之賢且仁子貢遂知夫子不助衛君而不復以衛君之事爲問非子貢深識聖人之心則不能問之如此而又足以觀聖人不假一言於人之誠與其所言卽其所行不少差違猶日月星辰之運于天而其進退躔度皆可測識於此也

徵 冉有曰夫子爲衛君乎○朱子曰○時孔子居衛○蓋以子貢不斥其事知之○伯夷叔齊諫伐之事○不可信矣○明王氏論之詳焉○二人以讓聞而不稱於孔門○獨以惡不仁稱○其迹似不得乎父而若怨○故子

史記伯夷傳

君子求於己衛靈公篇

貢以怨乎問之司馬遷亦曰怨邪非邪求仁而得仁求仁人而得之也謂歸西伯也不以喪位爲怨歸仁人而樂之人之有邦猶已有之故孔子曰又何怨孔安國曰以讓爲仁豈有怨乎朱註從之而曰求所以合乎天理之正而卽乎人心之安旣而各得其志焉則視弃其國猶敝蹝爾天理人心自其家言是則亾論衹求字不穩且解怨爲悔終失牽强它若君子求於己小人求於人𢌞責求之義自求於人來求古求道皆訪求之義豈容謂求仁乎宋儒以仁爲心之德又謂有一事之仁是其病

根加以昧乎古言不可從矣夷齊惡不仁孔子賢之其不爲輒可知焉然其迹似怨倘或怨邪則夷齊之行有不慊於心者矣故又問怨乎得仁人而歸之是其心雖喪位猶弗喪也然後不仁之人非孔子所歸者益明焉

子曰飯疏食飲水曲肱而枕之樂亦在其中矣不義而富且貴於我如浮雲

【古】孔安國曰疏食菜食肱臂也孔子以此爲樂」鄭玄曰富貴而不以義者於我如浮雲非己之有

【新】飯食之也疏食麤飯也聖人之心渾然天理雖處困極而樂亦無不在焉其視不義之富貴如浮雲之無有漠然無所動於其中也○程子曰非樂疏食飲水也雖疏食飲水不能改其樂也不義之

富貴視之輕如浮雲然

又曰須知所樂者何事

古義 飯食之也疏食麤飯也聖人之心純乎理義無有他念其視不義之富貴如浮雲漠然而無所動於其中也」論曰孟子曰理義之悅我心猶芻豢之悅我口也聖人之樂固雖不可以言語形容然外理義而豈有所謂樂者乎哉觀其曰不義而富且貴於我如浮雲則其所樂固可知矣然聖人之心理義渾融無跡可見故不得以理義二字形容之大矣哉

徵 樂亦在其中矣孔安國曰孔子以此爲樂非矣程子曰須知所樂者何事大似禪子言易大傳明言樂天知命豈謎乎朱子曰聖人之心渾然天理是其家言亾論也於我如浮雲鄭玄曰非己之有朱子曰如浮雲之無有皆非矣脩人爵而天爵至

者自天祐之故其福永矣不義而富且貴如浮雲之無根倏得而倏失之也疏食孔安國曰菜食也禮曰疏食水飲不食菜果朱註麤飯爲是

禮曰禮記間傳

子曰加我數年五十以學易可以無大過矣

【古】易窮理盡性以至於命年五十而知天命以知命之年讀至命之書故可以無大過

【新】劉聘君見元城劉忠定公自言嘗讀他論加作假五十作卒蓋加假聲相近而誤讀卒與五十字相似而誤分也愚按此章之言史記作假我數年若是我於易則彬彬矣加正作假而無五十字蓋是時孔子年已幾七十矣五十字誤無疑也學易則明乎吉凶消長之理進退存亡之道故可以無大過蓋聖人深見易道之無窮而言此以教人使知其不可不學而又不可以易而學也

【古義】數年謂數年之功也五十字未詳史記世家亦無故今闕而不釋易之爲書窮陰陽消長之變

以明進退存亾之理其爲教也貴處退損而惡居盈滿故學之則能得無大過也故可無大過之一言實足以蔽六十四卦之義猶思無邪一言以蔽詩三百篇也〇論曰古者包犧氏之王天下也仰觀俯察近取遠取始作八卦以類神明之德蓋示陰陽消長之變萬物生息之理也至於殷之末世周之盛德系辭以筮之故謂之周易及至夫子獨述先王之道而專崇仁義之德故其雅素與門人言諄諄然無非詩書仁義之說而言及於易者纔見此章而已蓋夫子以前固爲卜筮之書及夫子則專以義理斷之而不復襲舊套孟子亦每引詩書論春秋而未嘗有一言及乎易者其學以崇仁義務孝弟存心養性爲教而易中專言利故也惟其於處世之法委曲詳盡惕厲勸勉大有益於人故夫子亦取之欲學孔孟者專崇詩書春秋而於讀易則當以夫子可無大過之言求之而勿作卜筮之書看

徵 加我數年。朱子引史記加讀假。古音或然也。五十作卒。果其說之是乎。當曰以卒學易。終不通矣。古註以知命之年讀至命之書。可謂拘矣。且五十而知天命。是五十以後之言。此則未至五十之言。可謂牽強。蓋言學易比至五十乃始有成也。極言易之難學也。無大過即史記之彬彬。謂其於易無大謬也。孔子僅言無大過。而後人乃欲一一詳盡。則過孔子遠矣。可謂妄已。

五十而知天命 爲政篇

史記孔子世家

子所雅言詩書執禮皆雅言也

古 孔安國曰。雅言。正言也。鄭玄曰。讀先王典法。必正言其音。然後義全。故不可有所諱。禮不誦。故言執新雅常也執守也詩以理情性書以道政事禮以謹節文皆切於日用之實故常言之禮獨言執者以以人所執守而言非徒誦說而已也○程子曰孔子雅素之言止於如此若性與天道則有不可得而聞者要在默而識之也謝氏曰此因學易之語而類記之

古義雅常也執守也其執守禮者雖未必出於詩書皆常言之也詩以道情性書以道政事皆切於人倫日用之實故常言之若有守禮不渝者則雖未必出於先王之典亦皆常言之所以使學者固於聖賢之盛德而範乎前脩之懿行也論曰求道於高求事於遠學者之通病唯詩書之爲教近于人情達于日用初不遠人以爲道亦不遠人以爲言而執禮能守者亦可以範士風維世道所以夫子常言此三者也若夫佛老之學所以離世絶俗專事高遠而不能通乎天下者實不達詩書之理故也而後世儒者亦雖知誦詩讀書然求之甚過艱深而不知求之於平易近情故其著於言行者每有崎嶇艱深之憂而無正大從容氣象豈非所謂非讀書之難而善讀書之難乎

徵 子所雅言詩書執禮皆雅言也句孔安國曰雅言正言也鄭玄曰讀先王典法必正言其音然後義全故不可有所諱是與曲禮詩書不諱合謂不避諱也執禮文王世子曰春誦夏弦大師詔之瞽宗秋學禮執禮者詔之冬讀書典書者詔之禮在瞽宗書在上庠是古稱教禮之官爲執禮言不啻孔子凡執禮者皆雅言以此証上句也何註禮不誦故言執已失其義矣朱註雅訓常非也雅常少殊且古所謂學者詩書禮樂而已其在孔門不言而可知矣故謂詩書禮爲孔子常言者後人之

詩書不諱禮記曲禮

見也且從其說則執禮二字終不明矣皆雅言也四字爲衍其意謂正字音瑣瑣塾師之事孔子大聖人不爾是其病根殊不知詩書不諱古之禮也或說雅與俗對謂不用土音也亦通然雅俗昉自樂及至後世乃用之一切孔子時所無故不可從矣仁齋先生解執禮謂若有守禮不渝者則雖未必出於先王之典亦皆常言之可謂牽強之甚

葉公問孔子於子路子路不對子曰汝奚不曰其爲人也發憤忘食樂以忘憂不知老之將至云爾

古 孔安國曰葉公名諸梁楚大夫食采於葉僭稱公不對者未知所以答

新 葉公楚葉縣尹沈諸梁字子高僭稱公也葉公不知孔子必有非所問而問者故子路不對抑亦以聖人之德實有未易名言者與未得則發憤而忘食已得則樂之而忘憂以是二者俛焉日有孳孳而不知年數之不足但自言其好學之篤耳然深味之則見其全體至極純亦不已之妙有非聖人不能及者蓋凡夫子之自言類如此學者宜致思焉

古義 葉公楚葉縣尹沈諸梁字子高僭稱公也子路知聖人之德實有未易名言者故不對云爾者無他之辭子路不對故夫子自代之曰惟能好學樂道而不知年歲之將窮而已知道之無窮而難得故發憤不知道之可安而佗無所求故樂發憤故愈力樂故不倦此所以忘食與憂而不知老之將至也

徵 未得則發憤而忘食已得則樂之忘憂但言其好學之篤耳朱註得之表記小雅曰高山仰止景

行行止子曰詩之好仁如此鄉道而行中道而廢忘身之老也不知年數之不足也俛焉日有孳孳斃而后已正與此相發知命之言也云爾云云爾爾古言相通

子曰我非生而知之者好古敏以求之者也

【古】鄭玄曰言此者勸人學

【新】生而知之者氣質清明義理昭著不待學而知也敏速也謂汲汲也　尹氏曰孔子以生知之聖每云好學者非惟勉人也蓋生而可知者義理爾若夫禮樂名物古今事變亦必待學而後有以驗其實也

【古義】生而知之謂不待學而自知也敏速也言汲汲也當時之人有以夫子爲生知不由學者故言

此以曉之夫古可以徵于今未有不由古而能爲于今者也故事簪古則猶以圖求鏡照其成敗得失之跡較然著明皆爲今日之摸措夫子以生知之聖猶汲汲乎求古者以其益有不可量者也蓋由學者見之固有生知之聖由聖人見之本無生知之質何者道無窮故學亦無窮苟欲盡無窮之道則不由學問之功不可得也此所以雖夫子之聖尚汲汲乎此也

徵 敏以求之者也朱註敏速也謂汲汲也此解殊摸稜敏速也如敏疾敏給才敏是自一義謂汲汲也如周禮敏德以爲行本是黽勉亦自一義朱子混之非矣此章當以黽勉爲義孔子固聰明睿知稟諸天如中庸所云然先王之道非學則不能知之孔子學先王之道而莫不知是所以優群聖也

周禮師氏

中庸所云據自仲尼祖述至其孰能知之

朱註生而知之者氣質清明義理昭著不待學而知也。是其家言。特以清明昭著言之，乃陳北溪清水濁水之說耳。其說雖巧哉，宋儒之道辟則如有秋冬而無春夏也。所言如所見，不可不察。又曰生而可知者義理爾。若夫禮樂名物，古今事變，亦必待學而後有以驗其實也。是又其意以當然之理爲道，以考驗爲學，淺乎其言之。

子不語怪力亂神

古王肅曰：怪，怪異也。力謂若奡盪舟，烏獲舉千鈞之屬。亂謂臣弑君，子弑父。神謂鬼神之事。或無益於教化，或所不忍言。

新 怪異勇力悖亂之事非理之正固聖人所不語鬼神造化之迹雖非不正然非窮理之至有未易明者故亦不輕以語人也○謝氏曰聖人語常而不語怪語德而不語力語治而不語亂語人而不語神

古義 怪猶行怪之怪言非常可駭之行也力勇力亂悖亂神神異之事語之則必使人厭常而輕德故夫子皆不語之也此明聖人一語一默莫不有教存也○謝氏曰聖人語常而不語怪語德而不語力語治而不語亂語人而不語神以此防民猶有好怪力亂神者甚乎人之易惑也論曰夫子嘗曰敬鬼神而遠之又曰未能事人焉能事鬼蓋戒人不修人道而謟瀆鬼神也至此直稱不語則益見其妖異之說恐啟後世之惑而塞源拔本深絕諸言議以此觀之後世記禮之書稱孔子之言說鬼神妖異之事者皆附會之說也

徵 子不語怪力亂神語誨言也○蓋謂召弟子語之○

使其奉以行諸已者也周禮有樂語戴記有合語是也如顏淵仲弓問仁孔子云云皆曰請事斯語可見皆指孔子所答爲語亦此意怪異勇力悖亂之事非先王之典所尚故不以爲語鬼神之道微妙非所以喻人故亦不以爲語也語字之義不明漢儒以來乃謂不談此四者非矣聖人何殊常人平日閑談何嘗不一及之乎可謂拘矣鬼神天神人鬼也朱註謂造化之迹迹豈鬼神乎又曰非窮理之至有未易明者鬼神豈窮理之所能明乎李充曰力不由理斯怪力也神不由正斯亂神也非

周禮大司樂戴記文王世子顏淵仲弓問仁顏淵篇

李充曰見邢疏

孔子時語氣不可從矣。仁齋先生曰：怪猶索隱行怪之怪，亦不識文者之言焉。仁齋又據此章而排易、中庸、禮記言鬼神者爲非孔子之言，果其說之是乎？春秋無非亂，亦非孔子之作。

子曰：三人行，必有我師焉。擇其善者而從之，其不善者而改之。

古 言我三人行，本無賢愚，擇善從之，不善改之，故無常師。

新 三人同行，其一我也，彼二人者，一善一惡，則我從其善而改其惡焉，是二人者皆我師也。○尹氏曰：見賢思齊，見不賢而内自省，則善惡皆我之師，進善其有窮乎？

古義 此明得師之甚近，而道之甚廣也。言三人相聚，則其善不善較然可見矣。我但從其善而改其

老子二十七章

不善者則善不善皆莫非吾師也人每有無良師友之歎殊不知何時無師何處無師心誠求之必有眞師矣故曰歸而求之有餘師人惟病不求之耳

【徵】三人行必有我師古言也孔子誦之言三人至寡然三人相議而行必有可觀者焉孔子又釋之曰師之之道務擇其善而從之耳雖小善亦不棄也必其全不善者而後以爲已之鑒戒不以爲師也朱註一善一惡其一我也本諸何邪然巧甚非古義也不可從矣老子猶曰善人者不善人之師不善人者善人之資未嘗以不善爲師古言爲然且必有字而字不可通矣焦氏筆乘載蜀有石經

焉下有我

子曰天生德於予桓魋其如予何

【古】包氏曰桓魋宋司馬天生德者謂授我以聖性德合天地吉無不利故曰其如予何

【新】桓魋宋司馬向魋也出於桓公故又稱桓氏魋欲害孔子孔子言天既賦我以如是之德則桓魋其柰我何言必不能違天害己

【古義】史記世家孔子適宋與弟子習禮大樹下宋司馬桓魋欲殺孔子拔其樹孔子去弟子曰可速矣故孔子有此語朱氏曰孔子言天既賦我以如是之德則桓魋其柰我何言必不能違天害己論曰或曰桓魋暴人也夫子旅人也魋欲殺孔子何憚而不爲在斯時恐難委之於天曰不然天有必然之理人有自取之道書曰作善降之百祥作不善降之百殃易曰積善之家必有餘慶積不善之家必有餘殃是謂天有必然之理也詩曰永言配命自求多福書曰天作孽猶可違自作孽不可追

文王既没子罕篇

是謂人有自取之道也非言論之所能盡也朱氏曰聖人雖知其不能害己然避患未嘗不深避患雖深而處之未嘗不閑暇所謂並行而不悖也可謂善論孔子者也

徵 天生德於予。包咸曰。謂授我以聖性。德合天地。吉無不利。故曰其如予何。朱註從之。然生字不穩。且非孔子辭氣。蓋德謂有德之人也。天命孔子。教育英才。而有德之人。由孔子生。是天方以此任孔子。而桓魋若能害孔子。則有德之人不復生於世。天命徒然矣。孔子以教學自任。故有是言。與文王既没同意。

子曰二三子以我爲隱乎吾無隱乎爾吾無行而不

與二三子者是丘也

【古】包氏曰二三子謂諸弟子聖人知廣道深弟子學之不能及以爲有所隱匿故解之包氏曰我所爲無不與爾共之者是丘之心

【新】諸弟子以夫子之道高深不可幾及故疑其有隱而不知聖人作止語默無非教也故夫子以此言曉之與猶示也○程子曰聖人之道猶天然門弟子親炙而冀及之然後知其高且遠也使誠以爲不可及則趨向之心不幾於怠乎故聖人之教常俯而就之如此非獨使資質庸下者勉思企及而才氣高邁者亦不敢躐易而進也呂氏曰聖人體道無隱與天象昭然莫非至教常以示人而人自不察

【古義】與猶示也此門弟子以夫子之道爲高深不可幾及而見其一言一行皆從容平易混然無迹而疑其有隱故夫子言此以曉之論曰論語二十篇其一言一行皆莫非吾師也故曰吾無行而不

不憤不啓四句本篇文

孟子盡心篇

與二三子者是丘也葢聖人之道不高不卑非難非易通於天下達於萬世而不得須臾離實爲中庸之極也其以聖人爲高而不可學者固不知道爲爲近而不足學者亦異端之流益不知道者也

唯若顔子於夫子之言無所不悅而後爲善知論語也

徵不憤不啓不悱不發舉一隅不以三隅反則不復也故二三子以孔子爲隱也吾無隱乎爾乎爾語助辭如孟子無有乎爾則亦無有乎爾人多於此章解爾爲汝於孟子訓然皆非矣韓退之聽潁師彈琴詩穎乎爾誠能無以氷炭置我膓可見識文章者不與經生同也齊風著詩俟我於著乎而即乎爾轉音吾無行而不與二三子者包咸曰我

天何言哉陽貨篇

所爲無不與爾共之者。爲是。言吾所行。必與二三子共之。莫有所隱而獨行者。蓋欲二三子默而識之也。是丘也。言時師多所隱匿。如學記曰。隱其學而疾其師。亦可見焉。唯孔子不然。故曰是丘也。先王之教。禮樂不言。舉行與事而示之。天何言哉。四時行焉。百物生焉。皆在默而識之。自孟子雄辯聒人而後。儒者終莫識此意。程子以此章爲聖人俯而就之。是不識教之道本然。强爲解事者。

子以四教。文行忠信。

古 四者有形質。可舉以教。

射五物周禮鄉大夫職

新程子曰教人以學文脩行而存忠信也忠信本也

古義此孔氏之家法也文以致知行以踐善忠以盡己信以應物蓋萬世學問之程式也學者當謹守之而不得輒變其法也論曰四教以忠信爲歸宿之地即主忠信之意蓋非忠信則道無以明矣德無以成矣禮者忠信之推敬者忠信之發乃人道之所以立而萬事之所以成也凡學者不可不以忠信爲主也而後之諸儒別各立宗旨以爲學問之主意者何哉

徵文行忠信是孔門四科文文學行德行忠謂政事信謂言語政事而曰忠言語而曰信其物也如射五物古有之舊註不識古言如程子忠信爲本亦唯三耳如邢昺亦唯文行耳凡政事皆爲人謀者故貴忠善言而不信亦何貴乎是所以忠信爲

二科也

子曰聖人吾不得而見之矣得見君子者斯可矣子曰善人吾不得而見之矣得見有恆者斯可矣亡而爲有虛而爲盈約而爲泰難乎有恆矣

【古】疾世無明君也孔安國曰難可名之爲有常

【新】聖人神明不測之號君子才德出衆之名子曰字疑衍文恆常久之意張子曰有恆者不貳其心善人者志於仁而無惡三者皆虛夸之事凡若此者必不能守其常也○張敬夫曰聖人君子以學言善人有恆者以質言愚謂有恆者之與聖人高下固懸絶矣然未有不自有恆而能至於聖者也故章末申言有恆之義其示人入德之門可謂深切而著明矣

【古義】聖人者仁智合一行至其極之名君子者有德之通稱朱氏曰子曰字疑衍文聖人君子以德

子賤見公冶長篇
南容見憲問篇

言善人有恆者以質言朱氏曰三者皆虛夸之事凡若此者必不能守其常也其曰有恒之難者所以明善人君子與聖人之益難而不可易也此見夫子好賢之深也夫好善優乎天下矣好賢好善之實也夫子冀見賢者之心不啻若饑渴之於飲食知道之愈無窮而學之愈無盡也學者髣髴其萬一亦可以入聖域人君髣髴其萬一於治天下國家何難之有○曾氏華曰當夫子時聖人固不可得而見豈無君子善人有恆者乎而夫子云然者蓋其人少而思見之也及其見則又悅而進之曰君子哉若人凡此類當得意而忘言

徵 聖人吾不得而見之矣何晏曰疾世無明君是古來相傳之説何則得見君子者斯可矣得見有恆者斯可矣皆願辭以人君言之不者子賤南容君子哉魯無君子斯焉取斯豈其言之牴牾也況

不踐迹先進篇

書太甲

聖人本開國先王之稱。善人亦齊桓秦穆之倫。故曰不踐迹。謂其不拘先王之舊也。是有大作用者亦世不恒有。故曰不得而見之矣。君子固學先王之道以成德者。善人有恒者固無學問。然張敬夫所謂以學言。以質言。張横渠所謂志於仁而無惡。皆昧乎語勢。及不識善人矣。非有恒者雖或用孔子然不能久。故願有恒者也。且書曰罔克有終。是人君之德。以恒爲美也。大氐宋儒以來陷於莊周內聖外王之説。而忘於孔子之道爲先王之道。故動輒作窮措大解。可憫之至。善人以下。異日之言。

以其相類故同居一章子曰何必衍也難乎有恒矣孔安國曰難可名之爲有常可謂善解古文辭已有亡以人言盈虛以倉廩言約泰以民生言亡人而以爲有人倉廩虛而以爲盈民困約而以爲泰務夸大以自憙是無所守者也故難可名之爲有常已

子釣而不綱弋不射宿

古 孔安國曰釣者一竿釣綱者爲大綱以橫絶流以繳繫釣羅屬著綱弋繳射也宿宿鳥

新 綱以大繩屬網絶流而漁者也弋以生絲繫矢而射也宿宿鳥◯洪氏曰孔子少貧賤爲養與祭或不得已而釣弋如獵較是也然盡物取之出其不意亦不爲也此可見仁人之本心矣待物如此

待人可知小者如此大者可知

古義 綱以大繩屬網絶流而漁者也弋以生絲繫矢而射也宿宿鳥洪氏曰孔子少貧賤爲養與祭或不得已而釣弋如獵較是也然盡物取之出其不意亦不爲也此可見仁人之本心矣待物如此待人可知小者如此大者可知此見夫子道德度越萬世然本不離世以爲高不違俗而獨立所以爲中庸之至也韓子所謂吐辭爲經舉足爲法唯聖人爲然論曰仁者天下之大德也義者天下之大用也非仁則萬物不育非義則萬事不行兩者相須而不得相離也見聖人之釣與弋而後知義之不可廢也見其不綱與不射宿而後又知仁之不可去也若夫焚林竭澤暴殄天物者固不得爲仁而至於斷屠戒殺宗廟不血食者則亦不知義之不可廢豈復得爲仁也哉其不可行于天下也均矣故聖人以天下爲道而不以一人強天下以萬世爲敎而不以一時律萬世至矣

徵 釣而不綱綱不它見恐網字誤釣網事殊故著

三驅易

而字宿是弋宿故無而字何註孔曰釣者一竿釣綱者爲大綱以橫絶流以繳繫釣羅屬著綱邢昺疏曰此註文句交互故少難解耳殊不知孔註至流字而止以繳而下何晏也古者在禮士得弋釣至於綱宿則民之所爲也君子不爲矣何以知之天子諸矦爲祭及賓客則狩豈無虞人之供而躬自爲之所以敬也狩之事大而非士所得爲故爲祭及賓客則釣弋盖在禮所必當然焉古者貴禮不貴財不欲必獲故在天子諸侯則三驅在士則不綱不射宿後世儒者不知道不知禮故其於此

章也不知求諸禮但言仁人之心耳故其論終有窮矣以禮言之仁義豈外哉朱註又引洪氏曰孔子少貧賤爲養與祭或不得已而釣弋是亦以不忍之心爲仁惑於孟子遠庖廚之說其視仁如浮屠氏故爲是言已是禮也豈在不得已哉大氐後世井田廢錢幣盛而物皆取諸市其於祭與賓客以貴價買物爲敬此俗所移遂致不識此章之義已

孟子說見梁惠王篇

子曰蓋有不知而作之者我無是也多聞擇其善者而從之多見而識之知之次也

古 包氏曰：時人有穿鑿妄作篇籍者，故云然。孔安國曰：如此者次於天生知之。

新 不知而作，不知其理而妄作也。孔子自言未嘗妄作，蓋亦謙辭，然亦可見其無所不知也。識，記也。所從不可不擇，記則善惡皆當存之以備參考。如此者雖未能實知其理，亦可以次於知之者也。

古義 不知而作，不知其理而創作也。識，記也。多聞而擇善，則有所法矣；多見而識之，則有所考矣。皆不敢自作而取諸人之事，可為不待聞見而知者之次矣。聖人之廣資衆智而不敢自專如此也。聞廣矣而善惡之實泛然，故擇而從之；見實矣而得失之跡較然，故直記之。皆足以備鑒戒、廣知識也。門人見夫子以生知之聖自居甚卑，而後知其德之甚盛，而聞見之功不可忽諸。蓋聖人體道之深，取善之周，不自覺其辭之謙如此。若夫其言誇大者，其道必小；其行過高者，其德必淺。唯中庸之德為至也。

徵 蓋有不知而作之者。我無是也。孔子自謂知之次也多聞多見見于論語者二答子張以言行言此章多聞道之聞于人者多見已得諸簡策及它人所行者乃述之事也何則對作而言之也二知字皆去聲智謂聖也朱註不知其理淺矣哉僅知其理焉耳豈能作之哉緇衣多聞質而守之多志質而親之多志卽此多見也

互鄉難與言童子見門人惑子曰與其進也不與其退也唯何甚人潔己以進與其潔也不保其往也

【古】鄭玄曰互鄉鄉名也其鄉人言語自專不達時宜而有童子來見孔子門人怪孔子見之孔安國曰教誨之道與其進不與其退怪我見此童子惡惡一何甚鄭玄曰往猶去也人虛己自潔而來當

與之進亦何能保其去後之行

【新】互鄉鄉名其人習於不善難與言善惑者疑夫子不當見之也疑此章有錯簡人潔至往也十四字當在與其進也之前潔脩治也與許也往前日也言人潔已而來但許其能自潔耳固不能保其前日所爲之善惡也但許其進而來見耳非許其既退而爲不善也蓋不追其既往不逆其將來以是心至斯受之耳唯字上下疑又有闕文大抵亦不爲已甚之意○程子曰聖人待物之洪如此

【古義】互鄉鄉名其俗習於不善難與言善惑猶疑也與許也夫子答門人言但許彼童子進而來見耳非許其既退而爲不善也乎何已甚哉潔修治也往前日也言凡人潔已而來但許其自潔而不能保其前日所爲之善惡也聖人待物之仁猶天地之造化萬物生者自生殺者自殺而生物之心自無息於其閒何其大哉孟子曰往者不追來者不拒苟以是心至斯受之而已矣可謂能發夫子之道而詔之萬世者也異端誘人而從已小儒惡人之逃已與聖人之道固天淵矣

始可與言詩已
學而篇

徵 互鄉難與言鄭玄曰其鄉人言語自專不達時宜非矣朱註其人習於不善難與言善亦非矣觀於下文進退則童子見者來學也難與言者難與言道也子曰賜也始可與言詩已與言二字可以見焉不保其往也鄭玄曰往猶去也人虚己自潔而來當與之進亦何能保其去後之行可謂古人能解古書善識詞義邢疏朱註皆以往爲前日之義而保字不可得而解矣唯何甚古註解爲一何甚亦有何疑而朱子疑其有錯簡闕文亦不識古文之過耳與其進也不與其退也猶言喜來而惡

去○門人之意也○故曰一何甚言夫子不若是也○夫子惟與其潔己而已○朱註非許其既退而爲不善也○非也○進退未言其善惡

子曰仁遠乎哉我欲仁斯仁至矣

【古】包氏曰仁道不遠行之卽是

【新】仁者心之德非在外也放而不求故有以爲遠者反而求之則卽此而在矣夫豈遠哉○程子曰爲仁由己欲之則至何遠之有

【古義】此言仁之甚近也學者以仁爲甚遠而難至殊不知欲之斯至何遠之有葢仁者天下之美德至而以吾性之善而求之則猶以薪投火其至甚迅何憚而弗求之邪○論曰仁者天下之大德也而其事至近爲之在我故曰我欲仁斯仁至矣而先儒以仁爲具於性之理而以滅欲復初爲求仁之功

若然則仁之於人也猶四肢百骸之具於吾身人人皆有天下豈有不仁之人亦豈須言至譬諸心猶薪也仁猶火也薪之用在乎火而心之德在乎仁積而不燒則無以見薪之用放而不求則無以見心之德故聖賢常曰欲仁曰求仁而未嘗以滅欲復初爲至仁之工夫也横渠有內外賓主之說自合于夫子至字之義與以仁爲性爲理者大異矣學者審諸

徵 仁遠乎哉言仁至遠也仁以安天下爲功故至遠焉所以安天下者先王之道也孔子卷先王之道而懷之豈遠乎哉若使孔子居王侯之位乎下車而仁可得而行也故曰我欲仁斯仁至矣朱子以心之德爲解以欲仁爲反而求之之謂豈然哉心之德在我豈容言至哉反而求之則卽此而在

是宋儒求放心之說出自浮屠焉不可從矣觀遠乎哉之言則仁字之義以安天下言之者章章明哉或曰宋儒以不遠爲解叚使從其解乎苟非遠也何不遠之有凡謂不遠者以遠故也

陳司敗問昭公知禮乎孔子曰知禮孔子退揖巫馬期而進之曰吾聞君子不黨君子亦黨乎君娶於吳爲同姓謂之吳孟子君而知禮孰不知禮巫馬期以告子曰丘也幸苟有過人必知之

古 孔安國曰司敗官名陳大夫昭公魯昭公孔安國曰巫馬期弟子名施相助匿非曰黨魯吳俱姬姓禮同姓不昏而君取之當稱吳姬諱曰孟子孔安國曰以司敗之言告也諱國惡禮也聖人道弘

故受以爲過

【新】於陳國名司敗官名卽司寇也昭公魯君名稠習威儀之節當時以爲知禮故司敗以爲問而孔子答之如此巫馬姓期字孔子弟子名施司敗揖而進之也相助匿非曰黨禮不娶同姓而魯與吳皆姬姓謂之吳孟子者諱之使若宋女子姓者然孔子不可自謂諱君之惡又不可以娶同姓爲知禮故受以爲過而不辭○吳氏曰魯蓋夫子父母之國昭公魯之先君也司敗又未嘗顯言其事而遽以知禮爲問其對之宜如此也及司敗以爲有黨而夫子受以爲過蓋夫子之盛德無所不可也然其受以爲過也亦不正言其所以過初若不知孟子之事者可以爲萬世之法矣

【古義】孔氏曰司敗官名陳大夫昭公魯之先君嘗習於威儀之禮故以知禮答之巫馬期孔子弟子名施相助匿非曰黨魯吳俱姬姓於禮不可昏而昭公取之當稱吳姬而諱曰孟子使若宋女子姓者然司敗疑其非禮故先以知禮發問至此之詰之○吳氏程曰疑謂之孟子者魯人諱之而謂之

吳孟子者當時譏諷之語也夫子以人之知過爲幸此聖人之心也昭公嘗習於威儀之禮當時以爲知禮故孔子答之以知禮及於司敗再以取于吳詰之而夫子以爲過而不辭蓋司敗之論甚傷急迫而夫子卒不顯其國惡其詞氣雍裕不少露圭角一應接之間衆善交集若此非盛德之至豈能然乎論曰舊註以爲諱國惡非也司敗有意問之夫子無意答之其以知禮爲答非不當也及乎司敗再詰之而夫子自知其爲過如使夫子有意諱國惡則非過也苟以非過自以爲過是僞焉耳非直也豈聖人之心乎哉或曰然則聖人亦有過乎曰君子之過也如日月之食焉過也人皆見之更也人皆仰之周公弟也管叔兄也周公不知其將叛而使之在周公則不免爲過故孟子曰周公之過不亦宜乎夫日月薄食五星逆行四時失序旱乾水溢則雖天地不能無過況人乎聖人亦人焉耳其復何容疑倘若木石器物一定不變焉則死物耳要不足貴焉故知道者不貴無過而貴能改焉聖人之道廣矣大哉

徵孔安國曰司敗官名陳大夫邢昺曰文十一年左傳云楚子西曰臣歸死於司敗也杜註云陳楚名司寇爲司敗也孔安國曰諱國惡禮也聖人道弘故受以爲過此言孔子不復言昭公而獨言己之幸所以爲道弘也非謂諱國惡爲道弘也過而不知則不能改之過而人知而告之則得改是幸也君子之過如日月之食在上之人人所具瞻孔子得此於此故曰幸也春秋哀十二年夏五月甲辰孟子卒左氏傳曰昭公娶於吴故不書姓邢昺疏此云君娶於吴爲同姓謂之吴孟子是魯人常

吳氏說見大全

孟子公孫丑篇曰陳賈曰然則聖人且有過與曰周公弟也管叔兄也周公之過不亦宜乎

直在其中子路篇直哉史魚衛靈公篇

言稱孟子也吳氏程以爲當時譏諷之詞或當然也仁齋先生論此章而曰聖人亦有過此言本於孟子可謂非若宋儒所謂一疵不存之比矣又曰苟以非過自以爲過是僞焉耳非直也豈聖人之心乎非矣諱君之惡禮也豈僞乎哉仁齋動輒曰直也非直也夫直豈足論聖人乎孔子曰直在其中矣又稱伯玉君子哉史魚直也可見直亦一德耳夫道在行之如何也而後世儒者以評論是非爲務故其所重在直也不貴禮而貴直職此之由小矣哉

子與人歌而善必使反之而後和之

古樂其善故使重歌而自和之

新反復也必使復歌者欲得其詳而取其善也而後和之者喜得其詳而與其善也此見聖人氣象從容誠意懇至而其謙遜審密不掩人善又如此蓋一事之微而衆善之集有不可勝旣者焉讀者宜詳味之

古義朱氏曰反復也必使復歌者欲得其詳而取其善也而後和之者喜得其詳而與其善也孟子曰大舜善與人同舍己從人樂取於人以爲善取諸人以爲善是與人爲善者也夫歌小藝也乃於其善則夫子猶繾綣樂取聖人樂善無窮之意於是可見矣

徵子與人歌而善善者善之也孔子善之也子與人管到此故知雖無之字亦爲善之也必使反之

賞其善也而後和之學之也與人歌之禮也若使反之而已則嫌乎以歌工待之也朱註云云雖詳且盡乎然不知其爲禮矣宋儒之學爲然

子曰文莫吾猶人也躬行君子則吾未之有得

【古】莫無也文無者猶俗言文不也文不吾猶人者凡言文皆不勝於人孔安國曰身爲君子已未能也

【新】莫疑辭猶人言不能過人而尚可以及人未之有得則全未有得皆自謙之辭而足以見言行之難易緩急欲人之勉其實也○謝氏曰文雖聖人無不與人同故不遜能躬行君子斯可以入聖故不居猶言君子道者三我無能焉

【古義】莫無也言文吾豈不能及人哉身行君子則吾未能也蓋言行之難○朱氏曰於文言其可以

及人足見其不難繼之意又見其不必工之意於行言其未之有得則見其實之難焉見其汲汲於此而不敢有毫髮自足之心焉一言之中而指意反覆更出互見曲折詳盡至於如此非聖人而能若此哉

升庵外集經說部

徵 升庵外集曰晉書欒肇論語駁曰燕齊謂勉强爲文莫陳騤雜識云方言侔莫强也凡勞而勉若云努力者謂之侔莫故文莫黽勉也何註莫無也文無者猶俗言文不也是古來相傳之說非何晏之言也文不吾猶人者凡言文皆不勝於人也是何晏之言也何以知之若使盡出於何晏則止當云莫不也文不吾猶人者凡言文皆不勝於人也

今解莫爲無解文無爲文不者是文無文不皆漢時有是言與文莫侔莫同義故展轉作此解而何晏不識其意也當歸一名文無一名蘼蕪蘼蕪文無音亦相近臨別贈之蓋相勉之意猶云加餐食則知文無古有是言也按文莫吾猶人也者孔子時諺也言凡事黽勉則可皆及於人也孔子誦之而曰世人所言如此雖然至於躬行君子之道則吾未得其人也嘆世少君子也大氐前儒視文甚輕非聖人本意也且上有也下無也下有則上無則是文與躬行君子對言者非也文莫二字舊註

不成解。朱子又曰：莫，疑辭。是援唐詩中莫字以解論語，可謂不識古文辭已。

子曰：若聖與仁，則吾豈敢？抑爲之不厭，誨人不倦，則可謂云爾已矣。公西華曰：正唯弟子不能學也。

【古】孔安國曰：孔子謙，不敢自名仁聖。馬融曰：正如所言，弟子猶不能學，況仁聖乎。

【新】此亦夫子之謙辭也。聖者，大而化之。仁，則心德之全而人道之備也。爲之，謂爲仁聖之道。誨人，亦謂以此教人也。然不厭不倦，非已有之則不能，所以弟子不能學也。○晁氏曰：當時有稱夫子聖且仁者，以故夫子辭之。苟辭之而已焉，則無以進天下之材，率天下之善，將使聖與仁爲虛器，而人終莫能至矣。故夫子雖不居仁聖，而必以爲之不厭、誨人不倦自處也。可謂云爾已矣者，無他之辭也。公西華仰而歎之，其亦深知夫子之意矣。

古義 無所不能之謂聖無所不愛之謂仁周禮以智仁聖義中和爲六德是也孟子以仁且智爲聖此以仁與聖相對並論其意自別爲之謂爲仁聖之道誨人亦謂以此教人也可謂云爾已矣者猶謂子路曰汝奚不曰云云也○鼂氏曰當時有稱夫子聖且仁者以故夫子辭之公西華蓋以其不厭不倦而知夫子實有仁聖之德非學者之所能及也門人以爲夫子之德賢於堯舜而見其言甚謙而驚且異焉而後又益知其德之盛不可加焉故於夫子謙讓之言皆謹錄而備記之可謂其智亦足以知聖人者也

徵 若聖與仁則吾豈敢是或人贊孔子而孔子以謙承之也何以知之若使無人贊之孔子突然而言之是孔子以仁聖自處也且下文曰可謂云爾已矣云爾者云云也意舉或人之言而代之以云

爾也。故知此必孔子承人贊之者也。正與上葉公問孔子章同辭。聖者聖人。仁者仁人。聖者知之至。仁者行之至。朱子每謂聖者地位。仁者道稱。通上下。非也。堯舜禹湯周公。豈知至而行不至哉。作者之謂聖。制作禮樂。必有所前知。故舉其功之大者以爲稱耳。成康以下。無制作之事。故以仁人稱之。而孔子每勉人以仁。爲是故也。正唯二字。馬融曰。正如所言。弟子猶不能學。況仁聖乎。蓋唯是也。是如是也。正唯如後世政爾。故馬融解以正如所言也。況仁聖乎四字。不當文意。蓋孔子自言吾非仁

聖也吾學仁聖也爲之不厭誨人不倦學之事也

公西華深知孔子故嘆曰正如所云赤輩學亦不能也謂孔子非學也弟子自稱也

子疾病子路請禱子曰有諸子路對曰有之誄曰禱爾于上下神祇子曰丘之禱久矣

古 包氏曰禱禱請於鬼神周生烈曰言有此禱請於鬼神之事孔安國曰子路失指誄禱篇名孔安國曰孔子素行合於神明故曰丘之禱久矣

新 禱謂禱於鬼神有諸問有此理否誄者哀死而述其行之詞也上下謂天地天曰神地曰祇禱者悔過遷善以祈神之佑也無其理則不必禱既曰有之則聖人未嘗有過無善可遷其素行固已合於神明故曰丘之禱久矣又士喪禮疾病行禱五祀蓋臣子迫切之至情而不能自已者初不請於

病者而後禱也故孔子之於子路不直拒之而但告以無所事禱之意

古義 疾甚曰病禱謂禱於鬼神本乃臣子不得已之至情然不宜請於病者而禱之蓋子路既禱之而欲伺夫子之意以白其實夫子亦知其既禱故問有諸誄古作讄說文曰禱也累功德以求福尚書金縢之詞是也上下謂天地天曰神地曰祇爾當作祠周禮曰禱祠于上下神祇子路爲夫子自誦其所作誄詞如此○舊說誄者哀死而述其行之詞也誤矣子路爲夫子禱疾不宜引哀死之詞且見禱爾神祇之詞則知行禱之語而非哀死之言也禱者悔過遷善以祈神之佑者也夫子言吾禱之非一日矣豈更用禱乎古者疾病有行禱五祀之禮子路之請禱固非無謂也唯夫子之道度越群聖特以道德爲教而不欲人之惑於鬼神故曰丘之禱久矣蓋明人當自盡其道而不可妄用禱其示子路也切矣○陳氏櫟曰聖人素履無愧少壯迨老無非對越神明之時豈待疾病而後禱哉所謂禱久矣乃因子路引禱爾而言蓋不禱之禱也

假爾泰筮儀禮
少牢饋食

徵 誄孔安國曰禱篇名仁齋先生曰誄古作讄說文曰禱也朱子以爲死後之誄是其意訓爾爲汝而謂追言禱疾之事以見惜死之意然果如其意則當云禱疾不當云禱汝也且古文簡誄累功德豈及禱疾之事乎且段使古人不諱豈方疾革而舉死者之誄乎爾語辭如假爾泰筮有常之爾禱篇筮祝文當相類從孔說爲是子曰有諸問有此禮否也朱註謂有此理否非矣古人動求諸禮宋儒動求諸理孔子所以問之者孔子不欲禱且未知其欲禱何神故反問以觀其意也士喪禮疾病

號泣于旻天書大禹謨

祭則受福禮記禮器

行禱五祀子路所以不引此而引誄者蓋此時孔子在他邦而無家故無五祀可禱也上下天地也唯天子得祭天地然祭與禱殊如號泣于旻天父母人窮呼天雖士庶必有禱天之禮也丘之禱久矣是止子路之禱而安慰其心也朱子曰臣子迫切之至情有不能自已者初不請於病者而後禱也故孔子之於子路不直拒之而但告以無所事禱之意夫既當禱矣何請不請之有是其意諸實無鬼神祭與禱皆虛文唯致吾誠耳故歸諸不得已之情乎爾孔子既曰祭則受福則禱豈無益

哉禱苟有益乎請亦何害夫禱者所以敬天也仁人之事天如孝子之事親焉孝子之於親怒則謝豈問過之有無乎所以敬親也仁人之於天災眚則禱亦豈問過之有無乎所以敬天也而乃曰聖人未嘗有過無善可遷可謂不知敬天者已且子路當不請而請之是爲小節孔子而拒之豈聖人愷悌之態乎其亦如子路愛孔子之心何然則孔子所以止之者何聖人之心不可得而測焉然疾與兵其所以害生者同故吾得諸匡之畏也曰文王既沒文不在兹乎天之將喪斯文也後死者不

匡之畏 子罕篇

書召誥肆惟王其疾敬德王其德之用祈天永命

得與於斯文也天之未喪斯文也匡人其如予何是孔子信天之知我命我以斯文故知其雖病不死是孔子所以不欲禱也而其所以曰丘之禱久矣者何凡祭禱皆有其事焉有其實焉丘之禱久矣其事之有無未可知矣且以其實言之書曰祈天永命亦言敬天耳孔安國曰孔子素行合於神明是自後世言之者也非孔子之心也學者察諸

子曰奢則不孫儉則固與其不孫也寧固

古 孔安國曰俱失之奢不如儉奢則僭上儉不及禮固陋也

新 孫順也固陋也奢儉俱失中而奢之害大○晁氏曰不得已而救時之弊也

【古義】孫，順也。固，陋也。此極言奢之害也。蓋固則無文彩，不孫則無名分。無文彩則徒無可觀者而已，至於無名分，則人道亾矣，聖人之所深戒也。論曰：先儒謂奢儉俱失中，而奢之害大，非也。蓋崇本抑末，聖人之心也。故夫子每以儉教人，而深戒奢之害。苟仁熟義精，則或豐或約，無施而不可。若有意執中，則必至於執一而廢百。故孔孟言禮而不言中也。

【徵】禮與其奢也寧儉，奢則不孫，儉則固，與其不孫也寧固。孔安國曰：俱失之，奢不如儉。奢則僭上，儉不及禮。固，陋也。蓋安上治民，莫善於禮，故僭上之失，甚於固陋。

子曰：君子坦蕩蕩，小人長戚戚。

【古】鄭玄曰：坦蕩蕩，寬廣貌。長戚戚，多憂懼。

【新】坦平也蕩蕩寬廣貌程子曰君子循理故常舒泰小人役於物故多憂戚○程子曰君子坦蕩蕩心廣體胖

【古義】坦平也蕩蕩寬廣貌君子每要撿束故其心反寬廣小人自好放縱故不免長戚戚是學者之所當自省也○程子曰君子循理故常舒泰小人役於物故多憂戚

【徵】君子知命故坦蕩蕩小人不知命故長戚戚程子以循理役於物爲解抑末矣。

子溫而厲威而不猛恭而安

古注無

【新】厲嚴肅也人之德性本無不備而氣質所賦鮮有不偏惟聖人全體渾然陰陽合德故其中和之氣見於容貌之間者如此門人熟察而詳記之亦可見其用心之密矣抑非知足以知聖人而善言

子夏曰君子有三變望之儼然即之溫聽其言也厲見子張篇

德行者不能記故程子以爲曾子之言學者所宜反復而玩心也

古義 厲嚴肅也此言聖人盛德之容不待用力而自無偏倚也若學者唯當以仁存心以禮存心苟仁熟禮立則不期然而自然若夫不從事於仁禮而徒欲以力持守之則有恭而安不成者不可不知焉

徵 溫而厲即之也溫聽其言也厲威而不猛恭而安望之儼然不然非言而曰厲吾未之聞焉子夏曰君子有三變者盛德之容也禮樂得諸身謂之德古之君子皆禮樂以成其德豈翅孔子焉已乎宋儒乃以氣質爲說不知禮樂者也

論語徵集覽卷之七　終

論語徵集覽卷之八

魏　何晏　集解

宋　朱熹　集註

大日本　藤維楨　古義

物茂卿　徵

從四位侍從源賴寬　輯

泰伯第八

子曰泰伯其可謂至德也已矣三以天下讓民無得而稱焉

古王肅曰泰伯周太王之長子次弟仲雍少弟季歷季歷賢又生聖子文王昌昌必有天下故泰伯

以天下三讓於王季其讓隱故無得而稱言之者所以爲至德也

【新】泰伯周大王之長子至德謂德之至極無以復加者也三讓謂固遜也無得而稱其遜隱微無迹可見也蓋大王三子長泰伯次仲雍次季歷大王之時商道寖衰而周日彊大季歷又生子昌有聖德大王因有翦商之志而泰伯不從大王遂欲傳位季歷以及昌泰伯知之卽與仲雍逃之荆蠻於是大王乃立季歷傳國至昌而三分天下有其二是爲文王文王崩子發立遂克商而有天下是爲武王夫以泰伯之德當商周之際固足以朝諸侯有天下矣乃棄不取而又泯其迹焉則其德之至極爲何如哉蓋其心卽夷齊扣馬之心而事之難處有甚焉者宜夫子之歎息而贊美之也泰伯不從事見春秋傳

【古義】泰伯周大王之長子次弟仲雍少弟季歷季歷賢又生聖子文王昌泰伯長而當立讓之不嗣逃之荆蠻於是季歷立至文王天下諸侯日歸其德武王遂克商而有天下號周三讓終遜也以天

下讓謂讓其國蓋因周有天下而追稱之也無得而稱謂其德至極不得以言語稱之也○按泰伯三讓之事諸儒之説紛然不一夫商周之事莫如取證於聖經故今特據詩大雅皇矣篇爲斷觀其言帝作邦作對自泰伯王季則知周至泰伯王季而始強大矣觀言維此王季則友其兄則知王季能事泰伯而得其歡心矣觀言載錫之光則知泰伯能知王季之賢而讓之王季又能勤王業而不辱泰伯之知矣觀言王此大邦則知以天下讓者乃追稱之辭也蓋大王既沒之後泰伯季歷兄弟友愛同當國布治位號未定泰伯以季歷之功日高又有聖子而讓之季歷季歷不可於是逃之荆蠻蓋泰伯直讓之季歷而本非豫料大王之心而逃也觀其不稱大王而特言自泰伯王季可見矣聖賢之心皆爲天下而不爲己也泰伯之讓季歷蓋爲斯民計也而其後文武之道大被於天下民陰受其賜而不知實爲泰伯之德此夫子所以數其至德也

【徵】三以天下讓朱註三讓謂固遜○非也○聞謂三讓

泰篇三年學　述而篇聞韶三月　公冶長篇季文子三思　季氏篇君子有三畏　子張篇君子有三變

左傳哀七年

、爲固遜矣。不聞謂固遜爲三讓矣。如三年、三月、三思、三畏、三變，皆實有其數。然其詳不傳焉。邢疏：大王疾，泰伯因適吳越採藥。大王歿而不返，季歷爲喪主，一讓也。季歷赴之，不來奔喪，二讓也。免喪之後，遂斷髮文身，三讓也。是以禮爲說，非後人所及，必古來相傳之說。祗左傳「泰伯端委以治周禮」，不與此同，則亦難從焉。要之古書殘缺，不的指其事可也。以天下讓者，言其讓爲天下故也。朱子以爲讓天下，故其言曰：「以泰伯之德，當商周之際，固足以朝諸侯有天下矣。」夫周至文王，乃三分天下有

允恭克讓書堯典

其二泰伯之時天下非周有豈可以讓天下言哉太王之心以文王有聖德故欲傳位季歷而泰伯亦知文王之必能安天下也故潛逃以讓之以濟其美是其讓爲天下故也凡論語稱至德者二泰伯以讓文王以恭稽諸書贊堯以允恭克讓則恭讓爲德之至而堯之讓舜爲天下故也舜禹相承道始立矣益以見其讓之莫大焉泰伯之讓亦爲天下故也歷昌相承文斯成矣豈不其讓之亦莫至焉哉蓋讓而無益于人者止潔身焉非堯舜泰伯之讓也讓而濟天下者克用其讓焉是其所以

書武成

爲至德也。民無得而稱焉。固泰伯之所以成其讓。然苟其讓之小也。豈足爲至德哉。孔子言之者。人多不知三讓之事。故發之耳。豈必以泯迹爲至德乎。大氏宋儒無作用。專求諸心。所以不通也。又所謂泰伯之德足有天下者。亦未知孔子所以稱至德之意。乃謂孔子既稱至德。則其德當如是矣。殊不知孔子止以讓與恭言之。何則。曰三以天下讓而已矣。曰三分天下有其二而已矣。未嘗言其它焉。宋儒不信孔子之言。而求至德於言外。豈不謬哉。今按。大王泰伯皆非文王之倫。書曰。大王肇基

詩魯頌閟宮
孟子梁惠王篇曰惟智者爲能以小事大故大王事獯鬻句踐事吳
詩並見大雅皇矣
孔叢子居衛篇
孟子公孫丑篇

王迹詩曰實始翦商孟子以爲智者而以句踐比之則周家克商之後以文武周召之德而殷頑民尚且不帖服者以大王之所爲有未慊於人意者故也泰伯逃而蠻夷奉之爲君其仁可知矣則大王所以有仁人之名者毋乃以有泰伯之故乎詩曰維此王季因心則友則友其兄又曰維此王季帝度其心貊其德音是王季恭謹之人乃能埋德韜光據孔叢子子思之言王季當帝乙之世爲西伯據屈原天問則文王尚作州牧況王季乎故鄭玄不從孔叢子孟子又曰武丁朝諸侯有天下猶

運之掌也。以此觀之。方其時殷運未移。若使泰伯嗣大王。則德音必昌。周家必張。而不臣之迹成矣。季歷嗣而後。韜晦承順。斂周家方張之勢。而傳諸文王。以竢殷運之移。此泰伯之讓。所以成周家之美也。蓋民之附泰伯。如蟻慕羶。泰伯之爲人。不能自斂其羶。唯古人克自知。克自度。故泰伯自度其材行。而不嗣大王。使王季嗣也。不然。父疾而不親養。不視其死。不奔其喪。耳爲蠻夷之人。何其甚矣。左傳曰。泰伯不從。蓋必有其事矣。然不可知其所不從者何事也。朱子以爲夷齊扣馬之心。是或有

左傳僖五年

詩皇矣

似焉然三代時。稱諸侯爲君其禮有不若秦漢後君臣之分者矣泰伯亦不身仕殷朝唯爲周國世子耳。夷齊扣馬之事。王氏既辯之。且泰伯爲是則湯武爲非。其說終不可通也。仁齋先生據詩帝作邦作對。自泰伯王季。而謂泰伯之逃不在大王之時。而在王季之時。其言甚辯。然盡廢古書以己心說古之事。非妄而何。至於泰伯王季相並而治國則世豈有是事哉。世豈有是事哉。

子曰恭而無禮則勞愼而無禮則葸勇而無禮則亂直而無禮則絞君子篤於親則民興於仁故舊不遺

則民不偷

【古】葸畏懼之貌言愼而不以禮節之則常畏懼焉融曰絞絞刺也包氏曰興起也君能厚於親屬不遺忘其故舊行之美者則民皆化之起爲仁厚之行不偷薄

【新】葸畏懼貌絞急切也無禮則無節文故有四者之弊君子謂在上之人也興起也偷薄也○張子曰人道知所先後則恭不勞愼不葸勇不亂直不絞民化而德厚矣○吳氏曰君子以下當自爲一章乃曾子之言也愚按此一節與上文不相蒙而與首篇愼終追遠之意相類吳說近是

【古義】朱氏曰葸畏懼貌絞急切也無禮則無節文故有四者之弊此章專言人之百行不可不以禮爲準則也當與博文約禮克己復禮等章參看夫制一器造一物莫不各有其法況天下之人剛柔進退有萬不同苟不有法以律之則過者益過不及者益不及此道之所以不明不行也人之於禮其猶規矩準繩乎蓋恭愼者柔之德勇直者剛之發皆人之善行也然不禮以裁之則恭而至勞愼

荀子議兵篇

赤蛟篇漢書禮樂志

而至葸勇而至亂直而至絞其弊有不可勝言者矣故孔子常以禮爲人之規矩準繩而使人以此爲準大而經國御世近而修身齊家皆莫不以從事於禮焉後世之學亦雖以禮爲言而其說過高專求于己心至於以心爲法其亦乖夫子之旨矣興起也偷薄也此章舊連上章今從朱氏别爲一章陳氏櫟曰親親仁也上仁則下興仁不遺故舊厚也上厚則下歸厚上行下效也◯以德爲政則民心服而其澤遠矣以法行政則民雖知畏然其澤淺矣故古先聖王治天下之道在德不在法所以保數百年宗社而不衰也後世非無英君碩輔然其所以御天下者皆反之故非不欲治而不得治聖賢之論治體皆以德不以法者爲此故也

徵 葸○何晏曰畏懼之貌○博雅曰愼也○荀子曰諰諰然常恐天下之一合而軋己○漢刑法志曰鰓鰓常恐天下之一合而共軋己○赤蛟篇曰○靈禗禗○左思

魏都賦曰。臨焦原而弗怳。誰勁捷而無𢠽。言城雉高峻。使人莫敢近也。王延壽魯靈光殿賦曰。魂悚悚其驚斯。心𢠽𢠽以發悸。註。言殿堂北入而西廂東序。深邃不測。見者悚驚也。是葸。𢠽。禔。緦。諰。皆通。絞。馬融曰。絞。絞刺也。邢昺曰。絞刺人之非。左傳昭元年。叔孫絞而婉。註。絞。切也。韓詩外傳曰。堂衣若叩孔子之門曰。丘在乎。子貢曰。子何言吾師名。堂衣若曰。子何言之絞。子貢曰。大車不絞。則不成其任。琴瑟不絞。則不成其音。子之言絞。是以絞之也。朱子曰。絞。急切也。按何朱非殊。蓋絞者。謂責讓人

之非毫無假借也朱子又曰無禮則無節文故有

四者之弊張子曰人道知所先後則恭不勞慎不

葸勇不亂直不絞是或以禮爲節文或爲先後之

序皆僅言其一端者已恭慎勇直是人之性禮者

所以養人之德性也任其性不以禮養之必有勞

葸亂絞之疾也君子篤於親以下吳氏謂當自爲

一章是矣又曰曾子之言也何以知其非孔子之

言可謂妥矣興起也未是興有興盛意民興於仁

謂民之仁行興盛也

曾子有疾召門弟子曰啓予足啓予手詩云戰戰兢

兢如臨深淵如履薄氷而今而後吾知免夫小子

古 鄭玄曰啓開也曾子以爲受身體於父母不敢毁傷故使弟子開衾而視之也孔安國曰言此詩者喻已常戒愼恐有所毁傷周生烈曰乃今日後我自知免於患難矣小子弟子也呼之者欲使聽識其言

新 啓開也曾子平日以爲身體受於父母不敢毁傷故於此使弟子開其衾而視之詩小旻之篇戰戰恐懼兢兢戒謹臨淵恐墜履氷恐陷也曾子以其所保之全示門人而言其所以保之之難如此至於將死而後知其得免於毁傷也小子門人也語畢而又呼之以致反復丁寧之意其警之也深矣○程子曰君子曰終小人曰死君子保其身以沒爲終其事也故曾子以全歸爲免矣尹氏曰父母全而生之子全而歸之曾子臨終而啓手足爲是故也非有得於道能如是乎范氏曰身體猶不可虧也況虧其行以辱其親乎

古義　毀傷。啓，開也。曾子以爲身體髮膚受之父母，不敢毀傷，故當其疾病之時，使弟子開衾而視之也。詩小旻之篇。戰戰，恐懼貌。兢兢，戒謹意。臨淵恐墜，履冰恐陷也。曾子以其所保之全示門人，而言其所以保之之難如此，言至於將死而後知其得免於毀傷也。小子，門人也。語畢而又呼之，以致丁寧之意。曾子之學以孝爲主，忠信爲本。其奉持身體不敢毀傷者，蓋以孝弟忠信之實施之身體也。夫孝莫大於愛親，知愛親而後得能體其心，能體其心而後知能愛其身。父母之於子也，幼則有湯火之慮，壯則有倚門之望，無一日不恤其有虧傷也。曾子能以父母之心爲心，故終身奉持遺體戒謹恐懼如此，足見曾子之學臻其至極，而道德蔑以加也。

徵　鄭玄曰：啓，開也。曾子以爲受身體於父母，不敢毀傷，故使弟子開衾而視之也。此引孝經之文。然孝經本謂免於刑戮也。身謂劓與宫，體謂刖，髮謂

故曰並見孝經首章

孔子謂南容公冶長篇子思贊孔子中庸言

髮膚謂墨故身體髮膚四字指五刑而言之古之道以免於刑戮爲先故曰身體髮膚受之父母不敢毀傷孝之始也以見用於世爲難故曰立身行道揚名後世以顯父母孝之終也孔子謂南容曰邦有道不廢邦無道免於刑戮子思贊孔子而曰國有道其言足以興國無道其默足以容是其言皆足相發又觀春秋時諸侯大夫之言每以獲全首領終於牖下爲幸矣古時議論皆爾後世士君子驁桀自高志氣如狂乃以此等言爲卑不足行也吾知免夫之免亦謂免於刑戮也論語中免字

戴記祭義

皆然曾子在無道之世故以此爲幸焉若以保護身體爲說其說終有不可通者學者察諸戴記載樂正子春之事近迂矣亦必有所爲而發也

曾子有疾孟敬子問之曾子言曰鳥之將死其鳴也哀人之將死其言也善君子所貴乎道者三動容貌斯遠暴慢矣正顏色斯近信矣出辭氣斯遠鄙倍矣籩豆之事則有司存

古 馬融曰孟敬子魯大夫仲孫捷包氏曰欲戒敬子言我將死言善可用鄭玄曰此道謂禮也動容貌能齊濟蹌蹌則人不敢暴慢之正顏色能矜莊嚴栗則人不敢欺詐之出辭氣能順而說之則無惡戾之言入於耳包氏曰敬子忽大務小故又戒之以此籩豆禮器

【新】孟敬子魯大夫仲孫氏名捷問之者問其疾也言自言也鳥畏死故鳴哀人窮反本故言善此曾子之謙辭欲敬子知其所言之善而識之也貴猶重也容貌舉一身而言暴粗厲也慢放肆也信實也正顔色而近信則非色莊也辭言語氣聲氣也鄙凡陋也倍與背同謂背理也籩竹豆豆木豆言道雖無所不在然君子所重者在此三事而已是皆脩身之要爲政之本學者所當操存省察而不可有造次顛沛之違者也若夫籩豆之事器數之末道之全體固無不該然其分則有司之守而非君子之所重矣○程子曰動容貌舉一身而言也周旋中禮暴慢斯遠矣正顔色則不妄斯近信矣出辭氣正由中出斯遠鄙倍三者正身而不外求故曰籩豆之事則有司存尹氏曰養於中則見於外曾子蓋以脩己爲爲政之本若乃器用事物之細則有司存焉

【古義】孟敬子魯大夫仲孫捷來問其疾鳥獸愛生而無義故其將死鳴必哀人之將死氣消欲息故其言必善曾子欲敬子知其所言之善而識之故先以此告之暴粗厲也慢放肆也信實也辭言語

氣聲氣也鄙凡陋也倍與背同謂背理也籩竹豆豆木豆言君子之於道無所不得然其最可貴者有此三事動容貌則欲其遠暴慢也正顏色則欲其近信實也出辭氣則欲其遠鄙倍也若夫至於器數之末則自有司職守之所存而非君子之先務也欲敬子以是三者爲務而修德也」此章與恭近於禮遠恥辱之意同蓋君子其養於中者篤故其見於外者自如此非若常人之用力持守而遂不得其所欲也捷死得謚敬豈有得於曾子之言歟

【徵】鳥之將死其鳴也哀二句必是時諺朱子謂曾子之謙辭非矣君子所貴乎道者三以下曾子語聘會之事也是在春秋時爲卿大夫重務何者周道衰禮樂征伐不自天子出而在方伯則諸侯之相與非聘會則兵車也安其國於是危其國亦於

孔子答衛靈公篇

是孟敬子亦知其如此而學禮於曾子然徒留意於籩豆之末而不知其所重故曾子語之以是如孔子答衛靈公俎豆之事亦謂聘會焉後儒不知古言故其於二章一如癡人說夢可謂憒憒已鄭玄曰此道謂禮也動容貌能濟濟蹌蹌則人不敢暴慢之正顏色能矜莊嚴栗則人不敢欺詐之出詞氣能順而說之則無惡戾之言入於耳此古來相傳之說不可易矣道有君子所貴者有有司所貴者故曰所貴乎道者三暴害也暴慢者人害之人慢之也信者人信之也鄙倍者人鄙之背之也

發氣盈容儀禮聘禮記盛氣顛實禮記玉藻

出辭氣氣者如發氣盈容盛氣顛實揚休玉色朱註暴慢信鄙倍皆以己言之而曰脩身之要爲政之本可謂不知辭義者已且解信爲實大失古義且容貌之失豈翅暴慢言語之失豈翅鄙倍且籩豆非爲政之具豈容以爲政之本解之不可從矣

曾子曰以能問於不能以多問於寡有若無實若虛犯而不校昔者吾友嘗從事於斯矣

古 包氏曰校報也言見侵犯不報馬融曰友謂顏淵

新 校計校也友馬氏以爲顏淵是也顏子之心唯知義理之無窮不見物我之有間故能如此 ○ 謝氏曰不知有餘在己不足在人不必得爲在己失爲在人非幾於無我者不能也

古義 能不能以學之所造而言，多寡以學之所得而言。校，計校也。吾友指當時孔門之諸賢也。蓋孔門以此五者爲學問之條目，故曰從事於斯矣。學者必識孔門之風，而後可以爲孔門之學。苟不識孔門之風，則必不能得其門庭。所謂孔門之風者何？以能問於不能，以多問於寡，有若無，實若虛，犯而不校是也。爲學者多不知自省，有一分工夫便有一分勝心，有兩分工夫便有兩分勝心，驕吝之念愈進愈牢。故曰人之患在好爲人之師。學道者先除其勝心，而後聖賢之學可得而言也。

徵 以多問於寡，多者多聞也，寡者寡聞也。有無以能言，實虛以學言，是皆好學之事也。包咸曰：校，報也。朱子曰：校，計校也。朱子爲是。馬融曰：友謂顏淵。朱子從之。仁齋先生曰：吾友指當時孔門諸賢也。蓋孔門以此五者爲學問之條目，故曰從事於斯。

家語弟子行曰滿而不盈實而如虛過之如不及是曾參之行也

此其意謂以此爲顏子事則人絶企望之念其意甚善然吾友二字似有所指祇未知其的爲顏子耳按家語以爲曾子之行曾子言此則曾子之從事於斯亦可見已然此五句非五事豈學問之條目哉

曾子曰可以託六尺之孤可以寄百里之命臨大節而不可奪也君子人與君子人也

古 孔安國曰六尺之孤幼少之君「孔安國曰攝君之政令」大節安國家定社稷奪不可傾奪

新 其才可以輔幼君攝國政其節至於死生之際而不可奪可謂君子矣與疑辭也決辭設爲問答所以深著其必然也○程子曰節操如是可謂君子矣

古義 六尺之孤謂幼少之君」謂攝君之政令」謂持危扶顛始終不變」與疑辭也決辭」此言當大任治大衆非忠信而有才者不能蓋忠信而無才則幹旋不足何以濟事有才而不忠信則衆心不服必至敗事故必忠信且有才而後可以爲君子矣○袁氏黄曰輔長君不難託孤爲難執國政不難攝政爲難託孤寄命不難臨大節而不負其寄託之重最爲難此非才節所能辨也唯有德者能之故斷其爲君子也

徵 孔安國曰。六尺之孤幼少之君。邢昺曰。鄭玄註此云。六尺之孤年十五已下。言已下者。正謂十四已下亦可寄託。非謂六尺可通十四已下。鄭知六尺年十五者。以周禮鄉大夫職云。國中自七尺以及六十。野自六尺以及六十有五。皆征之。以其國中七尺爲二十。對六十。野云六尺。對六十五。晚校五年。明知六尺與七尺早校五年。故以六尺爲十五也。茂卿按以七尺爲中人之度。周一尺當今曲尺七寸二分。則七尺當五尺四分。六尺當四尺三寸二分也。升庵引韓詩外傳。國中二十行役。則疏之所言信矣。可以寄百里之命。孔安國曰。攝君之政令。臨大節而不可奪也。何晏曰。大節。安國家定社稷。奪不可傾奪。朱子曰。其節至於死生之際而不可奪。是何晏以事言。朱子以其人節操言。蓋節者謂禮義之大限也。節操在我。豈容言臨乎。禮義在外。故曰臨。禮義之大限。所指亦廣。然先王之道。安天下之道也。故安國家定社稷爲大節。何晏雖陋儒。亦生於宋儒未出之世。故其言有作用者如此。朱子以死生之際言之。可謂所見止其身已。朱子又曰。與。疑辭也。決辭。設爲問答。所以深著其必然也。本於邢昺。是韓柳已後文法。豈可以解古文辭乎。君子人與。君子人也。反復言之。所以贊之。仲尼燕居曰。子貢越席而對曰。敢問夔其窮與。子曰。古之人與。古之人也。達於禮而不達於樂。謂之素。達於樂而不達於禮。謂之偏。夫夔達於樂而不達於禮。是以傳於此名也。古之人也朱子豈不謬乎。

曾子曰士不可以不弘毅任重而道遠仁以爲己任不亦重乎死而後已不亦遠乎

古包氏曰弘大也毅強而能斷也士弘毅然後能負重任致遠路」孔安國曰以仁爲己任重莫重焉死而後已遠莫遠焉

新弘寬廣也毅強忍也非弘不能勝其重非毅無以致其遠」仁者人心之全德而必欲以身體而力行之可謂重矣一息尚存此志不容少懈可謂遠矣○程子曰弘而不毅則無規矩而難立毅而不弘則隘陋而無以居之又曰弘大剛毅然後能勝重任而遠到

古義弘寬廣也毅強忍也士非弘毅則不能勝重任而遠到」仁之爲德大矣以此爲己任故曰重也以仁爲任終身不廢故曰遠也」士之所以必貴乎弘毅者以無此量則不能任重致遠也德徧乎四

海仁也澤及乎昆蟲仁也教被乎萬世仁也救患弭難亦仁也以此爲任不亦重乎一息尚存能持此志而不可失焉不亦遠乎故士不可以不弘毅者益貴其素養也

徵 古者學而爲士。故凡言士者。論學者之言也。非謂士當爾而大夫否也。弘大也。謂規模宏遠也。毅勇也。謂強有力也。仁以安天下。可謂重任。故非規摸宏遠者不能焉。負重任而致遠。死而後已者。亦謂非死不舍重任也。故非強有力者不能焉。朱子曰。仁者人心之全德。自其家言。程子曰。弘而不毅。則無規矩而難立。不知何言。

子曰興於詩立於禮成於樂

古包氏曰：興，起也。言修身當先學詩。」包氏曰：禮者所以立身。」包氏曰：樂所以成性。

新興，起也。詩本性情，有邪有正，其爲言既易知，而吟詠之間，抑揚反覆，其感人又易入，故學者之初，所以興起其好善惡惡之心，而不能自已者，必於此而得之。」禮以恭敬辭遜爲本，而有節文度數之詳，可以固人肌膚之會、筋骸之束，故學者之中，所以能卓然自立，而不爲事物之所搖奪者，必於此而得之。」樂有五聲十二律，更唱迭和，以爲歌舞八音之節，可以養人之性情，而蕩滌其邪穢，消融其查滓，故學者之終，所以至於義精仁熟，而自和順於道德者，必於此而得之，是學之成也。○按《內則》，十歲學幼儀，十三學樂誦詩，二十而後學禮，則此三者，非小學傳授之次，乃大學終身所得之難易先後淺深也。程子曰：天下之英才不爲少矣，特以道學不明，故不得有所成就。夫古人之詩，如今之歌曲，雖閭里童稚，皆習聞之而知其說，故能興起。今雖老師宿儒，尚不能曉其義，況學者乎？是不得興於詩也。古人自灑掃應對以至冠婚喪祭，莫不有禮，今皆廢壞，是以人倫不明，治家無法，是不得立於禮也古人之樂聲音所以養其耳采色所以養其目歌詠所以養其性情舞蹈所以養其血脉今皆無之是不得成於樂也是以古之成材也易今之成材也難

古義　興起也詩出於人情而其美刺亦足以感人故可以興」禮人之隄防足以定其心志故可以立」樂以養人之性情而自和順於道德故可以成」此明學問得力功效之次第亦孔門學問之條目也言學不可以强爲得於詩則善心興起其進無窮故以興於詩先之德不可以自成莊敬持守以禮自修則德日立而不可搖動故曰立於禮道不可以小成浹洽融液其心和樂則道大成而不可遏止故曰成於樂得詩之理則知道之在邇而可樂故有所興起得禮樂之理則知其不可斯須去身故德立而道成此學者終身所得之前後本末也

論曰禮家專主禮樂之功而不知禮樂之本出於仁義先儒曰古之成材也易今之成材也難其說蓋出於禮家而非聖賢所以論禮樂之旨也夫子曰禮云禮云玉帛云乎哉樂云樂云鐘鼓云乎哉孟子曰仁之實事親是也義之實從兄是也禮之

實節文斯二者是也樂之實樂斯二者樂則生矣信能居仁由義和順積而英華發焉則詩禮樂之教自在其中矣尚何有於古之易而今之難況詩禮樂皆有本有末仁義之實其本也名物度數聲容節奏其末也聖人之教人皆專以其本而不取其末學者苟得其理則其末者雖未必與古人合然亦不遠矣

徵 興止訓起包咸之陋也朱子以起其好善惡惡之心解之是理學者流所見不越是非二者可謂不知詩已可謂不知學已興如興於仁興於孝弟之興皆謂有所鼓舞而振興於衆也先王之教詩書禮樂書爲學者本業何者書道政事學而爲士不學則民仕以從政故子路曰何必讀書然後爲

子路曰先進篇

學而其所載皆先王大訓奉以爲萬世法其言正大其義閎深必以詩與禮樂爲輔博學無方而後可以睹先王之心故易大傳曰書不盡言言不盡意然則聖人之意其不可見乎是孔子所以屢言詩與禮樂而不及書之故也與於詩云者詩之爲言人情世態莫所不包瑣細纖悉婉而不直其言初不可必以爲訓又不可必以爲戒而人各以其意取義義類無常展轉不窮又以諷詠發之使人不知覺故必學詩而後有所鼓舞觸類以長意見益廣新知紛生乃能有所振起於衆人之中斐然

易繫辭

成章。過此以往，庶可以成其材德也。立於禮云者。凡上自朝廷宗廟，下至鄉黨朋友，外則聘會軍旅蒐狩，內則閨門之中，以至言語容貌之間，器服制度之際，先王皆立之禮，以爲德之則。執而守之，習之之久，人皆有以立於道而不可移奪也。成於樂云者，樂亦德之則矣。禮以制之，樂以養之。禮以其敬，樂以其和。故樂者，自驩欣悅豫之心導之者也。禮尚有所操，必有所知。至於樂之鼓動以養之，則有不知其然者焉。養之則樂，樂則油然以生，養之於其不知不覺之間，莫周焉。故人之成於道，必於是焉故興者興於道也立者立於道也成者成於道也言人之學道詩禮與樂所以教者其殊如此也朱子曰禮以恭敬辭遜爲本而有節文度數之詳可以固人肌膚之會筋骸之束是亦宋儒所見主獨善不知道德之分故言禮者專在曲禮而遺經禮也又曰蕩滌其邪穢消融其查滓是其變化氣質之説已殊不知古之成於道者大者大成小者小成皆各以其材成焉豈必變化其氣質哉學者察諸

子曰民可使由之不可使知之

古 由用也可使用而不可使知者百姓能日用而不能知

新 民可使之由於是理之當然而不能使之知其所以然也○程子曰聖人設教非不欲人家喻而戸曉也然不能使之知但能使之由之爾若曰聖人不使民知則是後世朝四暮三之術也豈聖人之心乎

古義 此言治民之道當爲之建學設教使其自由吾陶冶之中若欲使彼知恩之出于己則不可矣孟子曰霸者之民驩虞如也王者之民皥皥如也殺之而不怨利之而不庸民日遷善而不知爲之者蓋可使由而不可使知王者之心也欲使知之霸者之心也此王霸之所以分歟

徵 人之知○有至焉○有不至焉○雖聖人不能強之○故能使民由其教○而不能使民知其所以教也○自然之勢矣○至其俊秀○則使學以知之○亦唯禮樂不言○

故曰述而篇

又曰同

以行與事示之而已。故其知之也自知之也。故曰黙而識之。又曰。不憤不啟。不悱不發。舉一隅不以三隅反。則不復也。自孟子以雄辯聒之人。而後斯義亾焉。後世儒者之師。專務講説。説之益詳。而其惑益深。皆不自知之故也。夫人之性殊。知愚不得而一之矣。苟以使知爲教。則天下有不被其化者。可謂小已。仁齋先生昧乎可字之義。曰不使彼知恩之出于己。可謂坦坦聖言。忽生疣痦。

子曰。好勇疾貧。亂也。人而不仁。疾之已甚。亂也。

古 包氏曰。好勇之人而患疾己貧賤者。必將爲亂。包氏曰。疾惡太甚。亦使其爲亂。

【新】好勇而不安分則必作亂惡不仁之人而使之無所容則必致亂二者之心善惡雖殊然其生亂則一也

【古義】好勇善矣然而不安分則必自作亂惡不仁之人可矣然而過甚則激而致亂善惡雖殊然其生亂則一皆不可不戒

【徵】好勇疾貧者已爲亂也人而不仁疾之已甚者使人爲亂也雖已不爲亂猶之已爲亂故均之曰亂也則聖人之思遠矣哉後儒短見豈能及之乎

子曰如有周公之才之美使驕且吝其餘不足觀也已

【古】孔安國曰周公者周公旦

周公吐哺史記魯世家

新 才美謂智能技藝之美驕矜夸吝鄙嗇也○程子曰此甚言驕吝之不可也蓋有周公之德則自無驕吝若但有周公之才而驕吝焉亦不足觀矣又曰驕氣盈吝氣歉愚謂驕吝雖有盈歉之殊然其勢常相因蓋驕者吝之枝葉吝者驕之本根故嘗驗之天下之人未有驕而不吝吝而不驕者也

古義 朱氏曰才美謂智能技藝之美驕矜夸吝鄙嗇也此專戒驕吝之害也蓋驕則有自滿之意吝則無爲人之意驕則德不進吝則道不弘如是之人雖有他美而不足觀之觀其曰有周公之才之美不足觀也則聖人惡驕吝之甚可見矣

徵 驕且吝無德者也苟無其德則才美豈足觀哉蓋驕則失君子吝則失小人故驕且吝所以失人心也治天下以得人心爲先故孔子云爾傳稱周公吐哺與此章之義正相發耳宋儒不知聖人之

孔子時有周公見左傳

道者先王安天下之道。故不達此章之義。徒以氣盈氣歉爲訛。可謂不知類已。孔安國曰。周公者周公旦。蓋孔子時。周猶有周公。漢儒精細如此。

子曰三年學不至於穀不易得也

【古】孔安國曰穀善也言人三歲學不至於善不可得言必無也所以勸人學

【新】穀祿也至疑當作志爲學之久而不求祿如此之人不易得也◯楊氏曰雖子張之賢猶以干祿爲問況其下者乎然則三年學而不至於穀宜不易得也

【古義】穀祿也志小者其得則小志大者其成必大爲學之久而志不至於祿必不爲汩汩於流俗而終其身聖人所以嘉尚之也

【徵】三年讀。謂學三年也。學不至於穀。句。學屬上者

邦有道穀憲問篇

非也。至者。謂學而成材也。穀。祿也。不曰祿而曰穀。如邦有道穀。皆謂祿之薄者。蓋廩俸也。學三年。而其所學未成。可祿之才。是志大而學博者也。故曰不易得也。學記曰。君子知至學之難易而知其美惡。可以徵已。孔安國訓穀爲善。朱子至爲志。皆非。

子曰篤信好學守死善道危邦不入亂邦不居天下有道則見無道則隱邦有道貧且賤焉恥也邦無道富且貴焉恥也

【古】包氏曰言行當常然危邦不入始欲往亂邦不居今欲去亂謂臣弒君子弒父危者將亂之兆

【新】篤厚而力也不篤信則不能好學然篤信而不好學則所信或非其正不守死則不能以善其道

然守死而不足以善其道則亦徒死而已蓋守死者篤信之效善道者好學之功」君子見危授命則仕危邦者無可去之義在外則不入可也亂邦未危而刑政紀綱紊矣故潔其身而去之天下舉一世而言無道則隱其身而不見也此惟篤信好學守死善道者能之」世治而無可行之道世亂而無能守之節碌碌庸人不足以爲士矣可恥之甚也

○晁氏曰有學有守而去就之義潔出處之分明然後爲君子之全德也

古義 篤信而好學則學必成守死而善道則道必達」危者將亂之兆亂則臣弑君子弑父危邦不入擇其地也亂邦不居避其害也亂重於危故危邦在外者不可入也若亂邦則仕者猶不可居況在外未仕者乎」治世而貧賤則無可行之道亂世而富貴則無自守之節皆可恥之甚也」此章與首篇君子不重則不威章同例蓋門人綴輯夫子平日格言以爲一章而傳誦之也夫學者所以求造夫道也故好學以致知善道以無闕則終身之事業備矣而出處隱見之分富貴貧賤之道則道之淺

莊子養生主

深德之大小繫焉
故君子尤重之

徵 篤信好學。守死善道。古言一也。危邦不入。亂邦不居。古言二也。天下有道則見。無道則隱。古言三也。孔子引古言者三。以証邦有道之貧賤。邦無道之富貴。皆可恥也。守死善道者。守死於善與道也。雖非先王之道。亦有善者。故曰善道。邢疏如謂道之善者然。道豈有不善。朱註以善其道解之。是如莊子庖丁善刀之善。六經未之有。故皆不可從矣。本言篤信好學。則能守死於善與道。而孔子引之。唯取下句。朱子連不入不居見與隱。皆爲篤信好

胡氏春秋之義見憲問篇陳成子弒簡公章集註

學之效。非也。世雖非篤信好學之人。亦有能不入不居見與隱者。豈可拘乎。故曰古言而孔子引之。唯取下句耳。守死者。謂守死而弗去也。從善與道則死。否則生。於是乎君子守死而弗去也。仁齋先生以爲終身之義。可謂不知字義已。危邦者。將亂之邦也。何註。危者將亂之兆。非也。亂邦謂臣弒君子弒父。豈翅是哉。朱註。亂邦未危而刑政紀綱紊矣。亦豈翅是哉。蓋二者皆亂邦也。朱子乃不取何義者。必據胡氏輩春秋之義。而謂臣弒君子弒父人皆得討。不當輒去。然其勢有不得討者。豈可一槩論哉。朱子曰。天下舉一世而言是矣。朱子又以篤信與好學分屬守死與善道。是自其家伎倆。古書所無。不可從矣。

子曰不在其位不謀其政

古 孔安國曰欲各專一於其職

新 程子曰不在其位則不任其事也若君大夫問而告者則有矣

古義 人各有其分而不能自盡必好越位犯官干預其政故夫子言此以爲戒◯輔氏廣曰不在其位而謀其政不義而不可爲也問而不以告不仁而不可爲也

徵 不在其位。不謀其政。謀者。有所營爲也。營爲其施設之方。非在其位者所不爲。亦所不能也。是必有其事焉。不嘗論其理也。辟如登浮屠。愈高則所見愈廣矣。故不在其位而謀其政也。必有昧乎事而誤焉者也。且身不任而輒言之。非所以敬天也。自宋而後儒者昧乎此章之義。故經濟之說盛。而天下愈不可治。悲哉。

子曰師摯之始關雎之亂洋洋乎盈耳哉

古鄭玄曰師摯魯太師之名始猶首也周道既衰微鄭衛之音作正樂廢而失節魯太師摯識關雎之聲而首理其亂者洋洋盈耳聽而美之

新師摯魯樂師名摯也亂樂之卒章也史記曰關雎之亂以爲風始洋洋美盛意孔子自衛反魯而正樂適師摯在官之初故樂之美盛如此

古義 師摯魯樂師名摯也始指未適齊之前關雎說見前亂樂之卒章也洋洋美盛意言今則人去樂湮洋洋之音不可復聞矣夫子之歎其思深矣關雎成周之雅樂其詩言后妃之德其聲樂而不淫哀而不傷乃三百篇之首篇而合于中和之德使聽者自得性情之正樂之最至美者也而師摯魯之妙工嘗其初年爲夫子奏之故夫子歎之如此

徵 鄭玄曰。師摯。魯大師之名。始猶首也。周道衰微。鄭衛之音作。正樂廢而失節。魯大師摯識關雎之聲。而首理其亂者。洋洋盈耳。聽而美之。殊爲不通。朱註。亂。樂之卒章也。以師摯之始爲在官之初。按。始初義殊。朱子混之。誤矣。且孔子美其在官之初。則豈末年耄廢邪。其以亂爲樂之卒章者。以賦卒

史記孔子世家
史記夏本紀
漢書禮樂志

有亂也殊不知亂可歌而賦不可歌亂乃賦卒章已安得為樂之卒章乎按詩大序關雎麟趾鵲巢騶虞是謂四始說者不知古文辭或以為關雎鹿鳴文王清廟或以為大明四牡嘉魚鳴雁皆非矣史記曰關雎之亂以為風始益稷曰予欲聞六律五聲八音在治忽史記作來始滑漢書房中歌曰七始華始肅倡和聲是始與亂皆樂中名目今樂有亂聲可以見已益言師摯之奏四始也其關雎之亂最盛美也鄭朱晉失之

子曰狂而不直侗而不愿悾悾而不信吾不知之矣

【古】孔安國曰狂者進取宜直」孔安國曰侗未成器之人宜謹愿」包氏曰悾悾慤也宜可信」孔安國曰言皆與常度反我不知之

【新】侗無知貌愿謹厚也悾悾無能貌吾不知之者甚絶之之辭亦不屑之教誨也○蘇氏曰天之生物氣質不齊其中材以下有是德則有是病有是病必有是德故馬之蹄齧者必善走其不善者必馴有是病而無是德則天下之棄才也

【古義】狂者意高而無撿束之謂」侗無知貌愿謹厚也」悾悾無能貌」吾不知之者甚絶之之辭」此言意高者不事矜飾宜直矣無知者有所畏憚宜愿矣無能者不解作爲宜信矣而今皆不然則是棄才也雖聖人不知所以教之人其可不知所恥哉

【徵】孔安國曰○狂者進取○宜直○侗未成器之人○宜謹愿○包咸曰○悾悾慤也○宜可信○朱註侗無知貌悾悾

揚子法言學行篇

莊子山木

無能貌。書顧命「在後之侗，敬迓天威，嗣守文武大訓」。孔安國訓穉。揚子法言「倥侗顓蒙」。莊子「侗乎其無識」。皆童蒙之義。故註「未成器之人」。朱子訓無知，亦是矣。而倥倥訓無能，是其意謂侗倥似無差別，故以無知與無能二之，可謂無據矣。倥倥，愨也。愨謂愿朴無文。禮器「七介以相見也，不然則已愨」。檀弓「殷既封而弔，周反哭而弔。孔子曰：殷已愨，吾從周」。朱子以愨爲美德，故不從包說，殊不知愨是一鄙野人，故與狂侗並言。狂者有大志而不拘常度，若多詐則一妄男子，不可得而教之矣。童蒙無知而不謹愿鄙野無文而不信師皆不可得而教之矣吾不知之矣者謂不可教也孔子以教人自任故曰不知之矣孔安國曰言皆與常度反我不知之朱註不知之者甚絶之之辭皆非矣是皆性劣者其何罪而孔子絶之哉朱子引蘓氏之言誠確論也然不言其以教人自任亦失之矣又按博雅曰悾悾誠也亦與訓慤同義

子曰學如不及猶恐失之

古學自外入至熟乃可長久如不及猶恐失之

新言人之爲學既如有所不及矣而其心猶竦然惟恐其或失之警學者當如是也○程子曰學如

不及猶恐失之不得放過纔說姑待明日便不可也

古義 言爲學者其用心當若追亾者之恐不能及而竟失之也夫人不知學則已苟知學之爲美而懈怠不勤則是無勇也故非智不進非勇不成學者其可不知所務哉

徵 學如不及猶恐失之何晏曰學自外入至熟乃可長久如不及猶恐失之是非學也習也朱子曰言人之爲學既如有所不及矣而其心猶竦然惟恐其或失之是以誠意正心爲學也失云者謂失時與人也日月逝矣歲不我與豈不惜乎良晤一散邈如河山豈不惜乎

子曰巍巍乎舜禹之有天下也而不與焉

【古】美舜禹也言己不與求天下而得之巍巍高大之稱

【新】巍巍高大之貌不與猶言不相關言其不以位爲樂也

【古義】巍巍高大之貌而如古通用舜禹皆受禪而有天下然其德最盛雖見與猶不與也故不稱堯舜而特言舜禹舊解以爲不與猶曰不相關此益出于老莊蔑棄天下之意而非聖人之旨故改之此言舜禹之有天下皆自以其功德隆盛而致雖堯與之舜舜與之禹然而猶不與也益以其功德之大度越尋常而不可謂之與也子禽問於子貢曰夫子至於是邦也必聞其政求之與抑與之與子貢曰夫子溫良恭儉讓以得之又明不可謂之與也

【徵】何晏曰美舜禹也言己不與求天下而得之巍巍高大之稱是帶求字而與字之義始見可謂謬矣朱子曰不與猶言不相關言其不以位爲樂也

本孟子詳于離婁萬章篇稱論舜禹後仁齋所本同此

是本孟子乃其意謂聖人之心渾然天理故不以位爲樂果其說之是乎聖人皆爾何特舜禹哉且以心而論聖人非孔門之意焉且不與不相關殊義不與云者謂忘己之有天下也不相關云者謂已自已天下自天下不相關涉也仁齋先生而訓如與讀上聲曰雖見與猶不與也是本孟子然殊不成文義蓋舜禹之所以不與有天下者以堯故也舜禹皆纘堯而成堯之道故忘己之有天下而猶謂堯之天下焉是其所以巍巍然高大也堯舜禹禪讓之義自孟子而不明故此章及下章註家

皆失之。

子曰：大哉堯之爲君也！巍巍乎唯天爲大，唯堯則之。蕩蕩乎民無能名焉。巍巍乎其有成功也，煥乎其有文章。

古 孔安國曰：則，法也。美堯能法天而行化。」包氏曰：蕩蕩，廣遠之稱，言其布德廣遠，民無能識其名焉。」功成化隆，高大巍巍。」煥，明也。其立文垂制，又著明。

新 唯，猶獨也。則，猶準也。蕩蕩，廣遠之稱也。言物之高大莫有過於天者，而獨堯之德能與之準，故其德之廣遠亦如天之不可以言語形容也。」成功，事業也。煥，光明之貌。文章，禮樂法度也。堯之德不可名，其可見者此爾。〇尹氏曰：天道之大，無爲而成。唯堯則之以治天下，故民無得而名焉。所可名者，其功業文章巍然煥然而已。

古義朱氏曰則猶準也蕩蕩廣遠之稱也言物之高大莫有過於天者而獨堯之德能與之準故其德之廣遠亦如天之不可以言語形容也」朱氏曰成功事業也煥光明之貌文章禮樂法度也堯之德不可名其可見者此爾」言民涵育於堯之德化而不知其德化之所以然猶人在於天地之中而不知天地之所以爲大也故曰民無能名焉唯其所見者功業文章巍然煥然而已達巷黨人徒見孔子之大而其所稱謂纔在於博學而無所成名是以益知孔子之德之大矣是堯孔之所以爲大聖也

徵巍巍乎稱堯也。非稱天也。唯天爲大。唯堯則之。故曰巍巍乎。朱註言物之高大。莫有過於天者。而獨堯之德能與之準。是高大二字貼巍巍乎。非矣。巍巍本以山言之。豈可以贊天邪。孔安國曰則法

大全饒雙峰引易與天地準補朱註意

書語並見舜典大禹謨

也。美堯能法天而行化。朱子曰：則猶準也。是其意謂人君皆法天，而堯大聖人也，不可以法天言。故引易與天地準而言堯與天齊也。理學者流以渾然天理立說，以爲聖人胸中別有天，故諱言法天耳。其究歸於佛氏三界唯一心。豈古聖人敬天畏天之意乎。堯典所載，唯有欽若昊天，是堯則天之事也。又曰：欽明文思。夫在天曰文，在地曰理。文者天之道也。謂禮樂也。堯思所以安天下萬世，非禮樂不可也。禮樂俟其人而後興，堯雖生知，不能獨作。故舉舜而讓焉。是所謂文思也。故書頌舜而曰文明禹而曰文命敷于四海是禮樂俟舜而興俟禹而洽舜而曰協于帝禹而曰承于帝帝皆謂堯也舜禹皆成堯之道故孔子曰有天下也而不與焉堯之恩苞舜育禹故孔子曰大哉堯之爲君也稱其大者獨堯而已矣是之謂則天蕩蕩乎民無能名焉朱註其德之廣遠亦如天之不可以言語形容也非矣乃謂允恭克讓也其見於堯典者咨四岳而用鯀恭也登庸虞舜讓也不自賢不自能民唯見舜禹之功故曰民無能名焉巍巍乎其有成功也焕乎其有文章上有也字下無也字言其

允恭克讓書堯典

利用厚生及正德三事據書大禹謨

所以有成功者。乃以文章也。文章者禮樂也。苟非禮樂。則成功不能若是其巍巍也。是堯之思也。且禮樂之功。不期然而然。亦民之所以無能名也。朱註。謂其可見者此爾。非矣。尹氏以功業文章並言。亦非矣。夫成功禹已。文章舜已。使堯無文思。何稱堯哉。蓋自開闢以來至於堯而後道立矣。伏羲神農黃帝之所以爲聖也。其所爲不過於利用厚生之事已。及堯時。利用厚生之道大備。而正德未興也。堯之思。其在茲乎。正德之教。至於禮樂而極焉。繹舜典之文。其昉茲乎。堯之有文思。故不與之子

仲尼祖述堯舜據中庸
二典三謨總命夏書據左傳

而傳之賢，以使成其思焉。舜纘堯之思而其功未成，故又不與之子而傳之賢，以使成堯之思焉。至禹而成，則傳之子，故堯舜所以官天下者，以道爲己任也。故道至堯舜而立焉，仲尼之所祖述，删書斷自唐虞，而二典三謨總命之曰夏書，皆爲是故也。殷因夏禮，周因殷禮，三代聖人皆不外堯之思，是又堯之所以獨稱其大邪。

舜有臣五人而天下治，武王曰予有亂臣十人，孔子曰才難，不其然乎？唐虞之際，於斯爲盛，有婦人焉，九人而已。三分天下有其二，以服事殷，周德其可謂至

德也已矣

【古】孔安國曰：禹稷契皋陶伯益」馬融曰亂治也治官者十人謂周公旦召公奭太公望畢公榮公太顛閎夭散宜生南宮适其一人謂文母」孔安國曰唐者堯號虞者舜號際者堯舜交會之間斯此也言堯舜交會之間比於周周最盛多賢才然尚有一婦人其餘九人而已人才難得豈不然乎」包氏曰殷紂淫亂文王爲西伯而有聖德天下歸周者三分有二而猶以服事殷故謂之至德

【新】五人禹稷契皋陶伯益」書泰誓之辭馬氏曰亂治也十人謂周公旦召公奭太公望畢公榮公太顛閎夭散宜生南宮适其一人謂文母劉侍讀以爲子無臣母之義蓋邑姜也九人治外邑姜治內或曰亂本作乿古治字也」稱孔子者上係武王君臣之際記者謹之才難蓋古語而孔子然之也才者德之用也唐虞堯舜有天下之號際交會之間言周室人才之多惟唐虞之際乃盛於此降自夏商皆不能及然猶但有此數人爾是才之難得也」春秋傳曰文王率商之畔國以事紂蓋天下歸文

王者六州荆梁雍豫徐揚也惟青兖冀尚屬紂耳

范氏曰文王之德足以代商天與之人歸之乃不取而服事焉所以爲至德也孔子因武王之言而及文王之德且與泰伯皆以至德稱之其旨微矣

或曰宜斷三分以下別以孔子曰起之而自爲一章

古義 五人禹稷契皐陶伯益。亂治也。十人謂周公旦召公奭太公望畢公榮公太顛閎夭散宜生南宮适其一人益邑姜也。才難蓋古語而孔子然之古者人才之盛唯唐虞交會之際爲最其後降自夏商獨周爲盛雖有亂臣十人之稱然其間有婦人則亦不能正十人故孔子嘆才之難也。三分天下有其二先儒謂有荆梁雍豫徐揚六州而唯青兖冀三州屬紂周之德通文王及武王未伐商之前而言蓋武王初年專承文王之心服事殷而未敢有誅伐之心及其惡稔虐極不得已而後伐之然非其本心故曰至德也。此言堯舜文武之道德事業萬世之法程也蓋夫子博稽於古先聖王而獨稱唐虞與周其亦祖述堯舜憲章文武之意歟夫唐虞之德如天之高遠不可名狀文武之心猶天之至公不容少私不然夫子奚以與堯舜併論而祖述憲章之哉且其寄心于五臣十亂則雖聖人之治亦必資賢佐以成其功可從而知矣○按三分天下有其二春秋傳云文王率商之叛國以事紂然孟子曰文王百年而崩猶未洽於天下武王周公繼之然後大行則知文王之時恐未至於有天下三分之二也且上文引武王之言而繼之曰周之德則其通文武二王而言明矣諸儒專斥文王而不兼武王者蓋臆說也

徵舜有臣五人○孔安國曰○禹○稷○契○臯陶○伯益○武王曰○予有亂臣十人○馬融曰○亂○治也○治官者十人○謂周公旦○召公奭○太公望○畢公○榮公○太顛○閎夭○散宜生○南宮适○其一人謂文母○朱註劉敞以爲子無臣母之義○蓋邑姜也○九人治外○邑姜治內○或曰亂本

作乿古治字也按亂治也釋詁文虞書九德亦有亂而敬作乿之說未可從矣但清汙為汙轉去聲豈亂本上聲訓治轉去聲邪馬融謂治官者十人朱子謂治內治外皆非矣蓋謂戡亂之才故下文曰才難唐虞之際於斯為盛孔安國曰唐者堯號虞者舜號際者堯舜交會之間斯此也言堯舜交會之間比於周周最盛多賢才然尚有一婦人其餘九人而已人才難得豈不然乎朱子曰言周室人才之多惟唐虞之際乃盛於此降自夏商皆不能及然猶但有此數人爾是才之難得也按孔子

之言。本以人數爲説。則不容言五人盛於十人焉。且朱子翻顛作解。謂爲盛於斯。未見文例。不可從矣。孔安國添比字最字。亦未是。蓋言唐虞之際至此而後爲盛也。三分天下有其二。以服事殷。左傳曰。文王率商之畔國以事紂。朱註。蓋天下歸文王者六州。荆梁雍豫徐揚也。惟青兖冀尚屬紂耳。此説本於鄭玄。亦以意言爾。豈可的指其某某邪。周之德。包咸朱子皆謂指文王。仁齋先生獨以爲通指武王未克商以前。朱子曰。孔子因武王之言而及文王之德。且與泰伯皆以至德稱之。其旨微矣。是

孟子盡心篇

武未盡善八佾篇

後世儒者。不知前聖後聖其揆一也。誤解孟子性之身之。孔子武未盡善。强生優劣耳。孔子不曰文王之德而曰周之德。豈外武王哉。仁齋先生爲是。然三分天下有其二。以服事殷。文王以此終其身。是自文王之事。武王別有克商之事。則古來不以此稱武王。故此章以爲稱文王。亦可矣。武王繼其志述其事。則言文王而武王自在其中。豈可生差別乎。且必謂通指武王未克商之前。則克商之後。豈非至德邪。是仁齋先生特爲未圓矣。蓋泰伯者讓也。周之德恭也。堯典贊堯以允恭克讓。是德雖

左傳襄二十八年

多乎。唯恭與讓爲最盛。泰伯文王極恭讓之至。故稱至德。豈有意於君臣之義哉。湯武之事。亦唐虞官天下之心也。儒者滔滔。悲哉。按左傳。叔孫穆子亦曰。武王有亂十人。無臣字。予聞諸先大夫。吾邦明經家講論語者。皆除臣字不讀。蓋文毋不可爲臣。故臣爲衍文。

子曰。禹吾無間然矣。菲飲食而致孝乎鬼神。惡衣服而致美乎黻冕。卑宮室而盡力乎溝洫。禹吾無間然矣

【古】孔安國曰。孔子推禹功德之盛美。言己不能復間廁其間。馬融曰。菲薄也。致孝鬼神。祭祀豐潔。孔

安國曰損其常服以盛祭服」包氏曰方里爲井井間有溝溝廣深四尺十里爲成成間有洫洫廣深八尺

新問罅隙也謂指其罅隙而非議之也非薄也致孝鬼神謂享祀豐潔衣服常服黻蔽膝也以韋爲之冕冠也皆祭服也溝洫田間水道以正疆界備旱潦者也或豐或儉各適其宜所以無罅隙之可議也故再言以深美之○楊氏曰薄於自奉而所勤者民之事所致飾者宗廟朝廷之禮所謂有天下而不與也夫何間然之有

古義朱氏曰間罅隙也謂指其罅隙而非議之也非薄也致孝乎鬼神謂享祀豐潔」黻蔽膝也以韋爲之冕冠也謂損其常服以盛朝服」溝洫田間水道以正疆界備旱潦者也」儉德之所以聚也禮由此而興焉民賴此而庇焉禹薄於自奉而愼祭祀敦朝禮勤民事此其所以能致數百年之太平也豈可間然哉

徵 禹吾無間然矣。孔安國曰。孔子推禹功德之盛美。言已不能復間厠其間。非矣。孔子之於古聖人。深尊而敬之。豈望間厠其間哉。且以間厠解。未見文例也。朱子曰。間罅隙也。謂指其罅隙而非議之也。是與閔子騫章字義相同。爲是。菲飲食而致孝乎鬼神。馬融曰。菲薄也。致孝鬼神。祭祀豐潔。惡衣服而致美乎黻冕。孔安國曰。損其常服。以盛祭服。揚龜山曰。所致飾者。宗廟朝廷之禮。是以黻冕爲朝服。皆通。然致美乎黻冕者。奉古聖人之道也。書曰。予欲觀古人之象。日月星辰山龍華蟲作會。宗

閔子騫章先進人不間於其父母昆弟之言

書益稷

彝藻火粉米黼黻絺繡以五采彰施于五色作服。汝明是也。卑宫室考工記曰。殷人堂崇三尺。周人堂崇一筵。鄭玄註周堂高九尺。殷三尺。則夏一尺矣。相參之數。禹卑宫室。謂此一尺之堂與。大氐此章孔子贊禹所主在恭儉。恭儉帝王之盛德故也。而致孝乎鬼神言敬祖先也。致美乎黻冕言敬聖人也。盡力乎溝洫言敬民也。敬此三者。則先王之道盡矣。此孔子所以無間然也。後世儒者不知先王之道。故於此章之言。有所未悉其底蘊。學者察諸。溝洫。包咸曰。方里爲井。井間有溝。溝廣深四尺。

十里爲成。成間有洫。洫廣深八尺。邢昺曰。案考工記。匠人爲溝洫。耜廣五寸。二耜爲耦。一耦之伐。廣尺深尺。謂之甽。田首倍之。廣二尺。深二尺。謂之遂。九夫爲井。井間廣四尺。深四尺。謂之溝。方十里爲成。成間廣八尺。深八尺。謂之洫。方百里爲同。同間廣二尋。深二仞。謂之澮。鄭注云。此畿內采地之制。九夫爲井。井者方一里。九夫所治之田也。采地制井田。異於鄉遂及公邑。三夫爲屋。屋具也。一井之中。三屋九夫。三三相具。以出賦稅。共治溝也。方十里爲成。成中容一甸。甸方八里。出田稅。緣邊一里治洫。方百里爲同。同中容四都六十四成方八十里出田税。緣邊十里治澮。是溝洫之法也。以今尺求之。五寸爲三寸六分。一尺爲七寸二分。二尺爲一尺四寸四分。四尺爲二尺八寸八分。八尺爲五尺七寸六分。二尋爲一丈一尺五寸二分。一里爲三百步。則二百四十丈。爲今百七十二丈八尺乃四町四十八間也。十里爲今千七百二十八丈。乃一里十二町也。百里爲今萬七千二百八十丈。乃十三里十二町也。八里爲今千三百八十二丈四尺。乃一里二町二十四間也。八十里爲今萬三千八百二十四丈。乃十里二十四町也。

論語徵集覽卷之八　終

论语征集览卷之九

魏　何晏　集解

宋　朱熹　集註

大日本　藤維楨　古義

物茂卿　徵

從四位侍從源賴寬　輯

子罕第九

子罕言利與命與仁

古　罕者希也利者義之和也命者天之命也仁者行之盛也寡能及之故希言也

新　罕少也程子曰計利則害義命之理微仁之道大皆夫子所罕言也

孔子曰堯曰篇

又曰里仁篇

古義 罕者希也言利則害義然利國利民之事則不可不言焉命之理微矣遽語之則必忽人事之近仁之德大矣驟告之則必生輕忽之心故皆罕言之也夫子之謹教而尊德也如此或曰論語諸章言及於仁者甚多矣今稱罕言者何也蓋觀詩書執禮皆夫子所雅言而今存者鮮則其嘗刪去者亦多矣至於言仁則門人弟子謹錄而備記之可知也

徵 子罕言利絶句與命與仁蓋孔子言利則必與命俱必與仁俱其單言利者幾希也舊註利命仁皆孔子所罕言是八字一句中間不絶失於辭矣且聖人之道安民之道也而敬天爲本故孔子曰不知命無以爲君子又曰君子去仁惡乎成名是命與仁君子所以爲君子孔子豈罕言之哉何晏

以來諸儒不得於辭而强爲之解，不可從矣。至於程朱謂命爲天道賦物之理，仁爲本心之德，以成其罕言之義，是自其家學，古時所無也。夫聖人安民之道，天下莫利焉。舜三事，利用厚生居其二。易大傳曰：以美利利天下，不言所利，大矣哉。而孔子罕言者何？蓋聖人智大思深，能知眞利之所在，於是爲天下後世建之道，俾由此以行之。後王後賢遵道而行，不必求利而利在其中。若或以求利爲心，凡人心躁智短，所見皆小利耳，其心以爲利而不知害從之矣。故孔子曰：君子喻於義，小人喻於

舜三事：書大禹謨
易文言
小人喻於利：里仁篇

放於利而行里仁篇　無見小利子路篇

利。又曰。放於利而行。多怨。又曰。無見小利。大學曰。不以利爲利。以義爲利。夫心躁則不知命。智短則不知仁。舍命與仁。唯利是視。所以蹈禍。故孔子與命與仁。立之防也。原思琴張之徒。熟視而深識之。所錄如此章。豈後世所能及哉。世有以此章與孟子梁惠王首章竝按。嚴於義利之辨者。甚乃至以大學以義爲利。謂戰國術士啗人以利之言。妄哉。如孟子時。百家競興。以功利立說。故孟子應聘。初謁之日。以此一言。杜絶管商之流。以明唐虞三代之德。要之爭宗門之言。是孟子所以爲儒家者流

安富尊榮孟子
盡心篇

之祖非復孔子之舊也大學之言果啗人以利乎則孟子亦何曰安富尊榮安富尊榮非利而何夫天下熙熙爲利而來凡人之大情也人之爲道而遠人豈足以爲道乎道而不利民亦豈足以爲道乎孔子所以罕言之者所爭在所見大小而非聖人之惡利也且所謂義者先王之古義也後世儒者不知道又不知義而謂道者當行之理義者心之制事之宜是其所謂道義皆取諸其臆不過其所創天理人欲之說耳是其源佛老之習淪於骨髓視聖人若達磨惠能乃曰唯見義理所在而利

害非所問焉其究必至於離世絶物槁死於山林而後充其蚯蚓之操悲哉是又讀此章者所當識也

達巷黨人曰大哉孔子博學而無所成名子聞之謂門弟子曰吾何執執御乎執射乎吾執御矣

【古】鄭玄曰達巷者黨名也五百家爲黨此黨之人美孔子博學道藝不成一名而已鄭玄曰聞人美之承之以謙吾執御欲名六藝之卑也

【新】達巷黨名其人姓名不傳博學無所成名蓋美其學之博而惜其不成一藝之名也執專執也射御皆一藝而御爲人僕所執尤卑言欲使我何所執以成名乎然則吾將執御矣聞人譽己承之以謙也○尹氏曰聖人道全而德備不可以偏長目之也達巷黨人見孔子之大意其所學者博而惜

其不以一善得名於世蓋慕聖人而不知者也故孔子曰欲使我何所執而得爲名乎然則吾將執御矣

【古義】鄭氏曰達巷者黨名也五百家爲黨此黨之人見孔子博學道無一名之聞于世而歎其廣大也執專執也射御皆一藝而御最卑其言執御者蓋反言以見道無可執也」道無成體德無成名故知道者雖極天下之博而不敢自有其道知其無窮也蓋得於内者愈深則其形於外者愈泯然無蹤凡聳人之觀聽勝人之口説者皆有所未至也夫子稱堯曰蕩蕩乎民無能名焉亦夫子自道也達巷黨人所稱夫子者惟止於博學無所成名之間而至於聖人之所以爲聖人者則不知形容亦宜矣

【徵】鄭玄曰達巷者黨名後註家因之然曰巷曰黨達巷豈黨名乎如儀封人封人是官名其人以官

行故不著姓名黨人豈官名亦豈與春秋人微者一例乎且其人能知孔子豈容沒姓名蓋疑達巷是姓黨人是名春秋蔡桓侯名封人鄭語字子人齊懿公名商人又有賓媚人曾有公冉務人陳有公孫佗人臧孫氏有漆雕馬人列子有伯昏瞀人可以例焉大哉孔子博學而無所成名其人能知孔子而贊之也何註美孔子博學道藝不成一名而已得之尹彥明曰見孔子之大意其所學者博而惜其不以一善得名於世蓋慕聖人而不知者也可謂能見己果爾何曰大哉大氐宋儒以知聖

戴記文王世子

人自負而不與人知聖人必欲見貶意此見一生其心不平其失於辭者不亦宜乎且當時所謂博學豈後世胸藏二酉之謂乎止謂博學道藝故孔子承之以射御韓愈未出儒者尚不失古執謂朱子勝何晏乎執御執射如執禮執經之執謂以一藝自名而教人者也後世昧古言何朱皆不識其義故不穩執禮見戴記執經見開元禮孔子於六藝而取乎射御於射御而又取乎御蓋禮樂道之大者君子之事故謙不敢當書數府史胥徒所先故君子不任是其所以取乎射御也而射義曰射

者射爲諸侯也。是以諸侯君臣盡志於射。以習禮樂。曲禮曰。問大夫之子。長曰能御矣。幼曰未能御也。少儀曰。問國君之子長幼。長則曰能從社稷之事矣。幼則曰能御。未能御。是古者以御爲子弟之職。孔子亦自言執御。以爲子弟之師耳。

子曰麻冕禮也今也純儉吾從衆拜下禮也今拜乎上泰也雖違衆吾從下

【古】孔安國曰冕緇布冠也古者績麻三十升布以爲之純絲也絲易成故從儉王肅曰臣之與君行禮者下拜然後成禮時臣驕泰故於上拜今從下禮之恭也

【新】麻冕緇布冠也純絲也儉謂省約緇布冠以三十升布爲之升八十縷則其經二千四百縷矣細

密難成不如用絲之省約」臣與君行禮當拜於堂下君辭之乃升成拜泰驕慢也○程子曰君子處世事之無害於義者從俗可也害於義則不可從矣

【古義】麻冕緇布冠也純絲也緇布冠以三十升布爲之升八十縷則其經二千四百縷細密難成不如用絲之儉」臣與君行禮當拜於堂下君辭之乃升成拜泰驕慢也此章門人記之以明聖人處事之權衡也蓋麻冕從衆而違禮拜下違衆而從禮其一從一違皆道之所在而聖人之行變化無方不拘一偏如此學者所宜潛心也○論曰先儒曰事之無害於義者從俗可也可謂謬矣夫事苟無害於義則俗卽是道外俗更無所謂道者故曰君子之道造端於夫婦故堯舜授禪從衆心也湯武放伐順衆心也衆心之所歸俗之所成也故惟見其合於義與否可矣何必外俗而求道哉若夫外俗而求道者實異端之流而非聖人之道也

【徵】吾從衆○吾從下○是孔子深知先王之禮也○蓋禮

君子曰禮記檀弓

雖先王所定。然亦有有義者。有無義者。其無義者。則先王一時從俗者。故今又從俗改之。不爲違禮。若其有義者。則不得不謹守之也。故君子曰。先王制禮。而不敢過也。先王制禮。不敢不至焉。仁齋解此章。以爲聖人處事之權衡。禮豈事之倫哉。其人之不知禮也。又識程子事之無害於義者從俗可也。而曰。事苟無害於義。則俗卽是道。外俗更無所謂道。是其人又不知道也。道者古聖人之所建。豈謂世俗所爲卽道可乎。亦佛氏法身徧法界之見耳。且所謂從衆者。本謂從儉也。儉謂節用也。禮器曰昔先王之制禮也因其財物而致其義焉爾是先王制禮定其度數時既以財爲之節然世久時移而古之儉亦有今變爲奢者如麻冕是也故孔子從衆爲深得於禮不違先王之心後儒不知以禮論之而唯理是言可謂亂道已拜下禮也王肅註臣之與君行禮者下拜然後成禮按邢昺疏成字上脫一升字疏云案燕禮君燕卿大夫之禮也其禮云公坐取大夫所媵觶興以酬賓賓降西階下再拜稽首公命小臣辭賓升成拜鄭註升成拜復再拜稽首也先時君辭之於禮若未成然又覲

禮。天子賜侯氏以車服諸公奉篋服。加命書于其上。升自西階東面。大史是右。侯氏升西面立大史述命。侯氏降兩階之間北面再拜稽首。升成拜皆是臣之與君行禮。下拜然後升成禮也。朱註臣與君行禮。當拜於堂下。君辭之乃升成拜。非矣。蓋禮君若不辭之。則再拜稽首於下而已。君辭之。則既再拜稽首於下。又升而再拜稽首於上。朱註曰。當拜於堂下。則似謂君辭之。則不拜於下。止拜於上而已。然本文不言其爲何禮。則亦不可識其爲何禮已。後世僅於燕禮而得其一二。故王肅揆以解之。今學者固執其說。而謂孔子語君臣之禮。亦鑿矣。

子絕四毋意毋必毋固毋我

【古】以道爲度故不任意用之則行舍之則藏故無專必無可無不可故無固行述古而不自作處群萃而不自異唯道是從故不有其身

【新】絕無之盡者毋史記作無是也意私意也必期必也固執滯也我私己也四者相爲終始起於意遂於必留於固而成於我也蓋意必常在事前固我常在事後至於我又生意則物欲牽引循環不窮矣○程子曰此毋字非禁止之辭聖人絕此四者何用禁止張子曰四者有一焉則與天地不相似楊氏曰非知足以知聖人詳視而默識之不足以記此

【古義】毋無通意者心有所計較也必必期必也固執滯也我私己也此言聖人道全德宏混融無跡也

孟子盡心篇下故曰同

無意者事皆自道出而無計較之私也無必者行其所當行止其所當止也無固者唯善是從無所凝滯無我者善與人同舍己從人蓋聖人之心猶天地之變化莫知其所以然也

徵 毋意毋必毋固毋我朱註毋史記作無是也此朱子每執毋禁止辭故云爾殊不知古書毋無通用本無差別也按孟子曰大而化之之謂聖此章乃語化境也不啻孔子凡妙一藝者皆有化境孔子之化其可得見者乃在禮故曰動容周旋中禮盛德之至是此章之義也事至則以禮應之若初不經意故曰毋意變則禮從而變前無期待後無固滯故曰毋必毋固唯有先王之禮而已無復有

何有於我哉述而篇

子思贊孔子中庸言

孔子。故曰毋我何有於我哉。可併証矣。大氏一部論語。可爲後世心學之祖者。唯此耳。然當孔子時。豈有心學哉。子思贊孔子曰優優大哉。禮儀三百威儀三千。鄉黨形容孔子。唯禮耳。夫孔子之智。豈門人之所能測哉。故當時之觀孔子。皆在禮也。故毋意必固我。以孔子行禮解之。而後爲不失琴張意焉。後世儒者不知孔子之道。卽古聖人之道。古聖人之道唯禮。盡之。其解論語。皆以義理。義理無憑。猖狂自恣。豈不謬乎。且動容周旋中禮。盛德之至者。雖非聖人亦能之。故此章所言。非贊孔子之至者。孔子之所以爲孔子。乃以其聖德已。學者察諸。朱子解意爲私意。猶如其解格物。私字重。意字輕。可謂妄已。解我爲私己。私意私己何別。仁齋又以意爲計較。夫聖人亦人耳。豈無計較乎。又解無固曰。唯善是從。無所凝滯。解無我曰。善與人同。舍己從人。是無固無我何別。皆專尚知見而不識聖人之道爲禮。故殊致不通耳。何晏解毋意曰。以道爲度。故不任意。猶之可矣。毋必曰。用之則行。舍之則藏。故無專必。毋固曰。無可無不可。故無固行。可謂慣慣已。毋我曰。述古而不自作。處群萃而不自異。唯道是從。故不有其身。此其書實不出一手。故四句三意叢然。而第一句猶爲近古。

子畏於匡曰文王既沒文不在茲乎天之將喪斯文也後死者不得與於斯文也天之未喪斯文也匡人其如予何

【古】包氏曰匡人誤圍夫子以爲陽虎陽虎曾暴於匡夫子弟子顏剋時又與虎俱行後剋爲夫子御至於匡匡人相與共識剋又夫子容貌與虎相似故匡人以兵圍之」孔安國曰茲此也言文王雖已死其文見在此此自謂其身」孔安國曰文王既沒故孔子自謂後死言天將喪此文者本不當使我知之今使我知之未欲喪也」馬融曰其如予何者猶言奈我何也天之未喪此文則我當傳之匡人欲奈我何言其不能違天以害己也

【新】畏者有戒心之謂匡地名史記云陽虎曾暴於匡夫子貌似陽虎故匡人圍之」道之顯者謂之文蓋禮樂制度之謂不曰道而曰文亦謙辭也玆此也孔子自謂」馬氏曰文王既没故孔子自謂後死者言天若欲喪此文則必不使我得與於此文今我既得與於此文則是天未欲喪此文也天既未欲喪此文則匡人其柰我何言必不能違天害己也

【古義】朱氏曰畏者有戒心之謂匡地名史記云陽虎嘗暴於匡夫子貌似陽虎故匡人圍之」文者謂先王之遺文道之所寓也玆此也孔子自謂」孔氏曰文王既没故孔子自謂後死者言天將喪斯文不當使我知之今已使我知之則未欲喪之也」馬氏曰天既未欲喪此文則匡人其柰我何言必不能違天害己也」天道福善殃淫是謂天有必然之理禍福無不自己求之是謂人有自取之道智者信之昏者疑焉夫子嘗曰桓魋其如予何此曰匡人其如予何此非好爲自矜亦非姑爲自解也蓋知天之至達命之極自信之如此夫由文王至於孔子其間生幾多聖賢然而斯文之傳不在他人

而獨在孔子則天之生孔子其意爲如何哉其愛護保全扶翼佑助之固宜無所不至矣天之視聽自我民視聽其理驗之於人事可矣圍於陳蔡畏於匡聖人之遇厄也亦屢矣然卒不能加害則天之佑聖人豈不信然

徵 文王既沒。文不在茲乎、文者道之別名。謂禮樂也。朱註。道之顯者謂之文。猶之可矣。不曰道而曰文。亦謙辭。夫道之顯者。豈容謙乎。是其意貴隱賤顯。貴精賤粗。依然老莊之遺。故有此言耳。仁齋曰。先王之遺文。道之所寓也。殊不知承文王既沒之文。文王之文。豈遺文之義乎。孔安國曰。文王既沒。故孔子自謂後死者。非也。此孔子對其先輩自謂耳。並生同學而後死。是謂之後死者。上距文王五百年。豈得謂後死者乎。大氐此章之意。所重在文王之道。天未欲喪文王之道。孔子被害。則文王之道喪。故知匡人不能害我也。解者多歸重孔子。大失孔子語氣。不可不察。

大宰問於子貢曰夫子聖者與何其多能也子貢曰固天縱之將聖又多能也子聞之曰大宰知我乎吾少也賤故多能鄙事君子多乎哉不多也牢曰子云吾不試故藝

古 孔安國曰太宰大夫官名或吳或宋未可分也疑孔子多能於小藝孔安國曰言天固縱大聖之

德又使多能」包氏曰我少小貧賤常自執事故多能爲鄙人之事君子固不當多能」鄭玄曰牢弟子

子牢也試用也言孔子自云我不見用故多技藝

【新】孔氏曰太宰官名或吳或宋未可知也與者疑辭太宰蓋以多能爲聖也」縱猶肆也言不爲限量也將殆也謙若不敢知之辭聖無不通多能乃其餘事故言又以兼之」言由少賤故多能而所能者鄙事爾非以聖而無不通也且多能非所以率人故又言君子不必多能以曉之」牢孔子弟子姓琴字子開一字子張試用也言由不爲世用故得以習於藝而通之○吳氏曰弟子記夫子此言之時子牢因言昔之所聞有如此者其意相近故并記之

【古義】孔氏曰太宰官名或吳或宋未可知也太宰見其多能以爲聖人也」朱氏曰縱猶肆也言不爲限量也將殆也謙若不敢知之辭」言太宰能知我事乎我由少賤故多能而所能者鄙事耳然若君子之學豈在於多哉亦不必多也」鄭氏曰牢孔子弟子子牢也試用也言孔子自云我不見用故多

技藝。吳氏曰弟子記夫子此言之時子牢因言昔之所聞有如此者其意相近故并記之」君子固有多能者若周公之多材多藝是也然論其所以爲君子者則不在於此何者道德實也多能其餘事也故古者有其才且自好之則爲其事如無其才又非其好則不必爲焉不繫於學之得失故也蓋一則專多則岐專則成岐則敗夫子所以戒其多能者欲學者當專務力於道德而不可馳心於多能也

徵夫子聖者與何其多能也。何註。疑孔子多能於小藝。是其意謂太宰疑世稱孔子爲聖人。故曰夫子世所謂聖人歟。果其言之是乎。何其多能也。此解與太宰知我乎相應。孔子聞其譏已而謂太宰可謂善知我也。然君子多乎以下。殊不相應。故不

可從矣。朱註太宰蓋以多能爲聖，此解得之。然太宰知我乎，知去聲，言太宰豈以我爲智者，故多能邪，是不然也。吾賤故多能，多能非君子所貴焉。太宰以聖孔子，以智此太宰以智爲聖，故孔子承之以智，不復深辨。已固天縱之將聖，又多能也。固又相喚，文法爲爾。縱，束之反，作者之謂聖，孔子雖聰明睿知，文武之道未墜地，故未能制作，猶如天束之。然然天若或縱之，必將當制作之任。朱註將殆也，謙若不敢知之辭，非矣。吾不試，故藝，言由閒暇故得兼習藝。觀牢曰，則上論爲琴張所錄。

子曰吾有知乎哉無知也有鄙夫問於我空空如也我叩其兩端而竭焉

【古】知者知意之知也知者言未必盡今我誠盡孔安國曰有鄙夫來問於我其意空空然我則發事之終始兩端以語之
竭盡所知不爲有愛

【新】孔子謙言己無知識但其告人雖於至愚不敢不盡耳叩發動也兩端猶言兩頭言終始本末上下精粗無所不盡○程子曰聖人之教人俯就之若此猶恐衆人以爲高遠而不親也聖人之道必降而自卑不如此則人不親賢人之言則引而自高不如此則道不尊觀於孔子孟子則可見矣尹氏曰聖人之言上下兼盡卽其近衆人皆可與知極其至則雖聖人亦無以加焉是之謂兩端如答樊遲之問仁知兩端竭盡無餘蘊矣若夫語上而遺下語理而遺物則豈聖人之言哉

【古義】空空無知識之意叩發動也叩兩端而竭者言終始本末無所不盡也夫子謙言己無知識但

其告人雖至愚不敢不盡耳聖人仁天下之心固無窮矣推其心蓋思一夫不入於善猶己拒之而不誨故鄙夫之空空猶竭盡其所知不敢有所隱仁之至也而夫子以生知之聖亦曰吾有知乎哉無知也者何也蓋物外無道道外無物無内外無隱見故實知道者不自有其知以其無有可有者也不實知道者自有其知以其猶有可有者也故曰吾有知乎哉無知也大哉論曰舊註載程子曰聖人之道必降而自卑不如此則人不親賢人之言則引而自高不如此則道不尊愚人以爲非也苟如其說則聖賢之待人皆以僞而不以誠也豈謂之無意乎豈謂之直道乎蓋聖人之心猶天地之大人在於其中而不知其大也非降而自卑也賢者之行猶泰山喬嶽自守其高耳非引而自高也此賢者之所以不及乎聖人也

徵 吾有知乎哉○無知也○知去聲○何註○知者○知意之知也○知者言未必盡○今我誠盡○孔曰○有鄙夫來問

憤悱四句迹而篇

於我其意空空然我則發事之終始兩端以語之竭盡所知不爲有愛可謂善解古文辭已盖孔子平日答門弟子之問不憤不啟不悱不發舉一隅不以三隅反則不復也門弟子或以夫子爲隱故孔子又有此言大氐自智者多愛惜其所知不欲輒告諸人孔子自言我豈有自智之心而惜其所知哉鄙夫問於我則竭兩端門人則否教誨之道也吾有知乎哉無知也如朱子解豈難事哉何晏何故作此迂曲解當知是古來相傳之說古時之言蓋有之宋儒不識古文辭又蔑視漢儒故弗察

耳。空空與悾悾同。博雅悾悾誠也。

子曰：鳳鳥不至，河不出圖，吾已矣夫。

古 孔安國曰：聖人受命則鳳鳥至河出圖，今天無此瑞。吾已矣夫者，傷不得見也。河圖，八卦是也。

新 鳳靈鳥，舜時來儀，文王時鳴於岐山。河圖，河中龍馬負圖，伏羲時出，皆聖王之瑞也。已，止也。○張氏曰：鳳至圖出，文明之祥。伏羲、舜、文之瑞不至，則夫子之文章知其已矣。

古義 鳳靈鳥，舜時來儀，文王時鳴於岐山。河圖，舊相傳伏羲時河中龍馬負圖出，皆聖人之瑞也。已，止也。邢氏曰：此章言孔子傷時無明君也。聖人受命則鳳鳥至河出圖，今天無此瑞，則時無聖人也，故歎曰吾已矣夫，傷不得見也。○有君而無臣，時有矣；有臣而無君，時有矣。若使孔子遇堯舜之君，其能爲唐虞之治，猶俯地而拾芥耳。奈其時當衰季而無是君何。夫子言之者，蓋感慨之極，不能自已也。論曰：或曰：聖人不言祥瑞，此言鳳鳥河圖者何也？曰：此非說祥瑞也，假鳳鳥河圖以歎時無明

孔子又曰述而篇

主也蓋聖人與人而不以立異同世而不敢驚聽凡事之無大得失者皆從舊套而不敢爲紛紛之說以汩人之聽聞鳳鳥河圖古來相傳以爲聖人御世之瑞故聖人假之以寓其歎焉耳

徵 鳳鳥不至。河不出圖。吾已矣夫。邢昺曰。傷時無明君也。得之。孔子又曰。聖人吾不得而見之矣。亦此意。蓋鳳鳥河圖。制作之瑞。聖王出則孔子得當制作之任。而盡其所學。聖王不出。孔子不能竭其才。所以嘆也。祗制作必在革命之世。故孔子不欲顯言之。乃以鳳鳥河圖言之耳。後世儒者昧乎聖字之義。故不知此意。又歐陽脩破祥瑞之說。其言辯而如可觀。殊不知聖人以神道設教。豈凡人所能識哉。宋儒出而古先聖王之道壞矣。其禍殆甚於佛老。悲哉。

子見齊衰者、冕衣裳者與瞽者，見之雖少必作，過之必趨。

古 包氏曰冕者冠也大夫之服瞽盲也包氏曰作起也趨疾行也此夫子哀有喪尊在位恤不成人者

新 齊衰喪服冕冠也衣上服裳下服冕而衣裳貴者之盛服也瞽無目者作起也趨疾行也或曰少當作坐○范氏曰聖人之心哀有喪尊有爵矜不成人其作與趨蓋有不期然而然者尹氏曰此聖人之誠心內外一者也

古義 齊衰喪服冕冠也冕而衣裳貴者之盛服也瞽無目也作起也趨疾行也或曰少當作坐○范氏曰聖人之心哀有喪尊有爵矜不成人其作與趨蓋有不期然而然者此言聖人之仁無物不至

無時不然下師冕見章倣此

徵子見齊衰者句冕衣裳者與瞽者見之句何本見之屬下句非也有喪者多不來見人故以見諸它處爲辭不言斬衰者以輕包重也冕衣裳盛服者也古註曰大夫之服此固然然此非貴爵矣彼盛服來見故起敬不爾何言冕衣裳乎若必以大夫之服而起敬則孔子亦嘗爲大夫雖大夫以燕服來見何必起敬彼盛服則吾起敬禮當然也瞽者謂師也古者教人以禮樂詔禮者謂之執禮者詔樂者爲瞽者殷學曰瞽宗可以見爾故瞽者爲

人師者也故又謂之師孔子所以起敬是已後世不知古徒以爲瞽子之稱故舊註恤不成人非也恤而起敬果何謂乎少去聲雖年少者必起敬朱註或曰少當作坐是必欲以坐對作可謂昧乎古文辭蓋見齊衰者以見諸它處爲辭故曰過之必趨見衣裳者與瞽者見之以來見爲辭故曰雖少必作是互文見意其實不拘非識古文辭亦不能讀已

顏淵喟然歎曰仰之彌高鑽之彌堅瞻之在前忽焉在後夫子循循然善誘人博我以文約我以禮欲罷

不能既竭吾才如有所立卓爾雖欲從之末由也已

【古】喟歎聲」言不可竆盡」言恍惚不可爲形象」循循次序貌誘進也言夫子正以此道勸進人有所序」孔安國曰言夫子既以文章開博我又以禮節節約我使我欲罷而不能已竭我才矣其有所立則又卓然不可及言已雖蒙夫子之善誘猶不能及夫子之所立

【新】喟歎聲仰彌高不可及鑽彌堅不可入在前在後恍惚不可爲象此顏淵深知夫子之道無窮盡無方體而歎之也」循循有次序貌誘引進也博文約禮教之序也言夫子道雖高妙而教人有序也侯氏曰博我以文致知格物也約我以禮克己復禮也程子曰此顏子稱聖人最切當處聖人教人惟此二事而已卓立貌末無也此顏子自言其學之所至也蓋悅之深而力之盡所見益親而又無所用其力也吳氏曰所謂卓爾亦在乎日用行事之間非所謂窈冥昏默者程子曰到此地位功夫尤難直是峻絕又大段著力不得楊氏曰自可欲之謂善充而至於大力行之積也大而化之則非

力行所及矣此顏子所以未達一間也○程子曰此顏子所以為深知孔子而善學之者也胡氏曰無上事而喟然歎此顏子學既有得故述其先難之故後得之由而歸功於聖人也高堅前後語道體也仰鑽瞻忽未領其要也惟夫子循循善誘先博我以文使我知古今達事變然後約我以禮使我尊所聞行所知如行者之赴家食者之求飽是以欲罷而不能盡心盡力不少休廢然後見夫子所立之卓然雖欲從之末由也已是蓋不怠所從必求至乎卓立之地也抑斯歎也其在請事斯語之後三月不違之時乎

古義 喟歎聲顏子喜得夫子之善誘而學問有所成就非歎高堅前後也鑽穿也仰之彌高不可及也鑽之彌堅不可入也在前在後不可執之也此顏子自叙其未受夫子之教之前徒見道之至高至堅恍惚變現無所摸擬而未得道之實處也循循有次序貌誘進也博文以廣知也約禮以修行也顏子於是得領夫子之教自言向無所摸擬者始有所據而不能自已也卓立貌有所立卓爾猶

參前倚衡之意末無也顏子於是見道甚明而後知夫子之道從容平易若易及而實不可以力到也」此顏子自叙其終身學問之履歷也高堅前後言其初徒視道高遠而未得其實也博文約禮言受夫子之教而學問始就平實也欲罷不能以下言其所自得也凡天下之人資禀聰敏者必游心高遠用力艱深而不知道本在日用常行之閒平平蕩蕩甚至近也其卒也必爲異端虛無寂滅之流唯顏子資禀聰明又能擇乎中庸是以得領夫子之善誘而岪崒乎道此其所以卒造於亞聖之地也

徵顏淵喟然嘆。雖無上事。載在論語。嘆孔子之不可及也。宋儒謂嘆道體。是所嘆止在高堅前後。殊不知包盡一章矣。仁齋謂喜得夫子之善誘而學問有所成就。是所嘆止在後文。殊不知雖欲從之

用之則行述而篇

孔子亦曰里仁篇

楊雄法言問神篇

末由也已○亦謂不可及也○則高堅前後○亦謂不可及○何別乎○且道體二字○古所無也○宋儒專尚知見○故有此言○殊不知用之則行○舍之則藏○孔子即道○道即孔子○故孔門本無道體之說○志道者求諸孔子○孔子亦曰吾道一以貫之○楊雄曰○顔子潛心孔子○爲得之矣○仁齋昧乎嘆字○嘆是嘆息○豈容以喜解之乎○朱子曰○仰彌高不可及○鑽彌堅○不可入○見其高而仰之○雖仰不見其絶頂○故曰彌高○用力而求入○堅而不可入○謂閫奥之不可到也○瞻之在前○忽焉在後○朱註恍忽不可爲象○本何註○然此道體

孔子所謂述而篇

之説終墮佛老仁齋曰不可執之也猶是道體之見殊不知二句謂夫子所爲出已意外也故合四句皆謂孔子之不可及而不易窺已是潛心夫子不如遵夫子之教故次曰夫子循循然善誘人博我以文約我以禮博我者博我智見也約我者納我於道也文本合指詩書六藝則禮在其中此與禮對言則禮特謂守諸已者其實文非外禮而言之也欲罷不能既竭吾才卽孔子所謂默而識之學而不厭何有於我哉同意祗此二句可見顏子隣孔子也如有所立卓爾見孔子之所立也何註

朱註皆得之。仁齋以爲見道甚明，依舊道體之見已。雖欲從之，末由也已，言孔子之終不可及也。是顔子深知孔子之所立也。如侯氏胡氏以格物致知知古今達事變釋博文，皆宋儒不知學也。仁齋以高玅平實爲說，亦子思以後之說也。要皆非顔子時意。學者察諸。又徒潛心孔子，雖顔子亦不能學孔子。必遵孔子之教，而後見其所立，則後世學者。欲學聖人而不遵聖人之教法，徒以其心學之，安能得之乎。

子疾病，子路使門人爲臣。病間，曰：久矣哉，由之行詐

也無臣而爲有臣吾誰欺欺天乎且予與其死於臣之手也無寧死於二三子之手乎且予縱不得大葬予死於道路乎

【古】包氏曰疾甚曰病」鄭玄曰孔子嘗爲大夫故子路欲使弟子行其臣之禮」孔安國曰小差曰間言子路久有是心非今日也」馬融曰無寧寧也二三子門人也就使我有臣而死其手我寧死於弟子之手乎」孔安國曰君臣禮葬」馬融曰就使我不得以君臣禮葬有二三子在我寧當憂棄於道路乎

【新】夫子時已去位無家臣子路欲以家臣治其喪其意實尊聖人而未知所以尊也」病間少差也病時不知既差乃知其事故言我之不當有家臣人皆知之不可欺也而爲有臣則是欺天而已人而欺天莫大之罪引以自歸其責子路深矣」無寧寧也大葬謂君臣禮葬死於道路謂棄而不葬又曉之以不必然之故○范氏曰曾子將死起而易簀曰吾得正而斃焉斯已矣子路欲尊夫子而不知

無臣之不可爲有臣是以陷於行詐罪至欺天君子之於言動雖微不可不謹夫子深懲子路所以警學者也楊氏曰非知至而意誠則用智自私不知行其所無事往往自陷於行詐欺天而莫之知也其子路之謂乎

【古義】孔子嘗爲魯大夫故子路欲使弟子爲家臣而治其喪。少差曰間言臣之有無皆人之所知今無臣而爲有臣非欺人是欺天也甚言其罪之大也。無寧寧也馬氏曰就使我不得以君臣禮葬有二三子在我寧當憂棄言其自安之意以明不願得非禮之葬也。此言聖人之心至誠明白一言之微一事之細俯仰天地無所愧怍素其位而行不願其外死生患難無入而不自得也但其言平易和緩無迹可尋可見其道愈高而其德愈大也

【徵】子路使門人爲臣。鄭玄曰。子路欲使弟子行其臣之禮。欲字可刪。蓋子路既使爲臣。孔子病間而

曾子啓手足泰伯篇

悟之故曰久矣哉何註子路久有是心非今日也非矣按後世學者尚義自無此過古之學者尚禮子路亦以禮大夫有臣而欲孔子之葬備大夫之禮耳其過在泥禮而未達豈可深咎乎此不特子路其它門人皆有是惑故孔子深責之所以喻之也後世儒者由此輕視子路亦坐不知古學耳又按是時子路猶在焉則孔子不以此時卒也以此觀之曾子啓手足亦未必曾子以此時卒也而宋儒謂論語記曾子臨終之言未深思耳

子貢曰有美玉於斯韞匵而藏諸求善賈而沽諸子

曰沽之哉沽之哉我待賈者也

【古】馬融曰韞藏也匵匱也藏諸匱中沽賣也得善賈寧肯賣之邪包氏曰沽之哉不衒賣之辭我居而待賈

【新】韞藏也匵匱也沽賣也子貢以孔子有道不仕故設此二端以問也孔子言固當賣之但當待賈而不當求之耳○范氏曰君子未嘗不欲仕也又惡不由其道士之待禮猶玉之待賈也若伊尹之耕於野伯夷太公之居於海濱世無成湯文王則終焉而已必不枉道以從人衒玉而求售也

【古義】韞藏匵匱也子貢以孔子有道不仕故設此二端以問之也朱氏曰言固當賣之但當待賈而不當求之耳范氏曰君子未嘗不欲仕也又惡不由其道士之待禮猶玉之待賈也若伊尹之耕於野伯夷太公之居於海濱世無成湯文王則終焉而已必不枉道以從人衒玉而求售也論曰范氏之論當矣然後世道微德衰其爲士者皆知獨善其身之爲義而不知兼仁天下之爲德爲最大也

子曰隱居以求其志行義以達其道記曰儒有席上之珍以待聘皆待賈之謂而學者之本分也若夫韞匵而藏者乃異端之流猶介之士所好而非儒者之道也

徵善賈者賈人之善者也賈音古何註蓋亦爾自邢昺以爲善價而朱子因之音嫁殊不知善琴善笛及良農良工一類語當謂賈人未聞貴價謂之善價可謂謬矣求良賈謂求先容之人也待賈亦待人之先容也甚嘗求價待價語殊未穩且鄙俚甚豈君子之言乎且聘禮執玉必有賈人從之是玉難識故必待賈人古之道也按蔡邕石經沽諸沽之哉皆作賈可見賈發平聲即沽已

詳于儀禮聘禮

子欲居九夷或曰陋如之何子曰君子居之何陋之有

【古】馬融曰九夷東方之夷有九種馬融曰君子所居則化

【新】東方之夷有九種欲居之者亦乘桴浮海之意君子所居則化何陋之有

【古義】九夷未詳其種徐淮二夷見經傳若我日東後漢書已立傳及扶桑朝鮮等名皆見于史傳夫子所謂九夷者恐當指此類夷狄之地無文飾之僞故或人以爲陋也言彼九夷之地嘗有君子而居則必是不若或人之所稱彼所謂陋者及是忠實之所致必不凡陋也○按禮載孔子之言曰小連大連善居喪東夷之子也又古稱東方有君子之國則夫子之語蓋據其實而稱之舊解以爲君子所居則化非也如此則夫子有自居君子之位之嫌也論曰夫子嘗曰夷狄之有君不如諸夏之亡也由此見之夫子寄心於九夷久矣此章及浮海之歎皆非偶設也夫天之所覆地之所載鈞是人也苟有禮義則夷即華也無禮義則雖華不免爲夷舜生於東夷文王生於西夷無嫌其爲夷也

九夷雖遠固不外乎天地亦皆有秉彝之性況朴則必忠華則多僞宜夫子之欲居之也吾 太祖開國元年實丁周惠王十七年到今君臣相傳綿綿不絶尊之如天敬之如神實中國之所不及夫子之欲去華而居夷亦有由也今去聖人既二千有餘歲吾 日東國人不問有學無學皆能尊吾夫子之號而宗吾夫子之道則豈可不謂聖人之道包乎四海而不棄又能先知千歲之後乎哉

徵 子欲居九夷。馬融曰。九夷東方之夷有九種。邢昺引東夷傳。畎夷。于夷。方夷。黃夷。白夷。赤夷。玄夷。風夷。陽夷。又玄菟。樂浪。高麗。滿節。息臾。索家。東屠。倭人。天鄙。仁齋因之。又疑爲 日本。此自謾言。不容辨議。竊疑九夷必是一夷。猶如大湖名五湖。不爾。欲居九夷。何其言之漫也。且此必孔子經過其

淮安府贛榆縣孔望山地志

得見君子者斯可矣述而篇

地因欲居之不爾當欲適九夷而曰欲居其非遥望者審矣贛榆有孔望山相傳孔子適郯登此乃東夷地恐是卽九夷君子居之何陋之有馬融曰君子所居則化文意極是仁齋乃謂東方有君子國故曰君子居之而不容孔子自稱君子以濟其訣殊不知何陋之有語意不相承適見其不識文辭已且君子士大夫通稱孔子未嘗避之但得見君子者斯可矣指人君耳若夫　吾邦之美外此有在何必傳會論語妄作無稽之言乎夫配祖於天以神道設教刑政爵賞降自廟社三代皆爾是

吾邦之道，卽夏商古道也。今儒者所傳，獨詳周道，遽見其與周殊，而謂非中華聖人之道，亦不深思耳。自百家競起，孟子好辯，而後學者不識三代聖人之古道，悲哉。

子曰：吾自衞反魯，然後樂正，雅頌各得其所。

古 鄭玄曰：反魯，魯哀公十一年冬，是時道衰樂廢，孔子來還，乃正之，故雅頌各得其所。

新 魯哀公十一年冬，孔子自衞反魯。是時周禮在魯，然詩樂亦頗殘缺失次，孔子周流四方，參互考訂，以知其說，晚知道終不行，故歸而正之。

古義 魯哀公十一年冬，孔子自衞反魯，是時周禮在魯，然詩樂頗殘缺失次，孔子周流四方，參互考訂，以知其說，晚知道終不行，故歸而正之，門人記此，以見教之所由始也。論曰：德隆則人尊，人尊則言傳夫雅頌之敘雖非孔子或亦可能之然在孔子則傳在他人則否詩書之行至于與天地並立而不墜焉則夫子之功豈不偉乎然詩書易之名初見於魯論而孟子獨言作春秋其定書傳禮記繫易之說未有明據蓋司馬遷輩以著述見聖人而未知夫子之道猶日月之繫天而不關刪述之功故叨云云耳夫夫子未開教之前猶水之在於地中其一開教之後附託有人傳傳相續猶泉源之經疏鑿之功流派混混不舍晝夜放於四海也豈待著述之功哉

徵樂正雅頌各得其所詩風雅頌唯雅頌播諸樂風唯二南與頌同豳風有雅頌其它皆徒歌此言雅頌則南豳在其中矣故此章主樂言之蓋先是雅頌之聲或混孔子正之而後各得其所也朱註不識此義詩樂並言非也鄭玄曰反魯哀公十一

年冬。是時道衰樂廢。孔子來還乃正之。故雅頌各得其所。此蓋古來相傳之說。後儒不識。妄作新解。豈不謬乎。仁齋論此章而謂雅頌之敘。它人或能之。然在孔子則傳。在他人則否。德隆則言傳。司馬遷輩以著述視聖人。而未知夫子之道猶日月之繫天。而不關刪述之功。此誠奇論。然其人好奇而昧乎事。要之理學之歸耳。殊不知孔子之前六經無書。書唯書耳。故謂之書。詩存諷咏。禮樂皆在人。故子貢曰。文武之道。未墜於地。在人。賢者識其大者。不賢者識其小者。孔子周流四方。訪求具至。然

子貢曰子張篇

戴記雜記

後門弟子傳其書故戴記云士喪禮於是乎書可以見已然其在人者非孔子孰識其眞故中庸曰苟不至德至道不凝故雖有堯舜禹湯文武微孔子其道泯滅弗傳所以傳者以孔子也後儒不察妄謂孔子之前亦有六經孔子刪述而已又孔子而後諸子紛然著作皆倣孔子而其書汗牛充棟藉是仁齋輩輕視著作者不識孔子之世徒以今世視之故也且其人獨尊論語而輕六經坐是不欲獨以刪述稱孔子可謂强已

子曰出則事公卿入則事父兄喪事不敢不勉不爲

邇之事父陽貨篇

酒困何有於我哉

【古】馬融曰困亂也

【新】說見第七篇然此則其事愈卑而意愈切矣

【古義】此言出事入事卽子弟之職喪事人倫之本最不可不勉不爲酒困又不足爲難皆夫人之所能此外別無可稱何德有於我哉說又見第七篇其智愈大則自處愈卑而其言愈謙實知道之無窮也於是益見夫子之所以爲大也

【徵】出則事公卿入則事父兄。古註無解朱子以爲孔子自謙之言。此不知而妄爲之解者也出則事公卿。入則事父兄與邇之事父遠之事君。語勢正同。朱子乃以爲與入則孝出則弟同義果爾。何無

三子言志先進篇

孝弟之字且公卿連言乃王國之辭若在魯則公是君卿是臣豈容連言蓋論語之書門弟子以意記之故有有序者有無序者如三子言志章序其事甚詳其它有所爲之言及如此章省略無序是本出門弟子一時筆故千載之下難識其所由者極多矣如此章孔子贊禮勸人學禮之言也出則事公卿以之入則事父兄以之禮之在喪品節甚詳由之而行自然不敢不勉獻酬之禮終日百拜自然不爲酒困皆無容我力禮之力也故曰何有於我哉

子在川上曰逝者如斯夫不舍晝夜

【古】包氏曰逝往也言凡往也者如川之流

【新】天地之化往者過來者續無一息之停乃道體之本然也然其可指而易見者莫如川流故於此發以示人欲學者時時省察而無毫髮之閒斷也○程子曰此道體也天運而不已日往則月來寒往則暑來水流而不息物生而不窮皆與道爲體運乎晝夜未嘗已也是以君子法之自强不息及其至也純亦不已焉又曰自漢以來儒者皆不識此義此見聖人之心純亦不已也純亦不已乃天德也有天德便可語王道其要只在謹獨

愚按自此至終篇皆勉人進學不已之辭

【古義】逝往也謂日進而不已舍止也此言君子之德日新而不息猶川流之混混不已也論曰孟子解夫子稱水之意曰原泉混混不舍晝夜盈科而後進放乎四海有本者如是所謂本者何仁義禮智有於其身而終身用之不竭猶川流之不舍晝夜日新而無窮故曰日新之謂盛德夫子取水之

君子無入而不自得焉中庸

意蓋如此或曰孔子之稱水其旨微矣孟子特因門人之病而藥之非也孟子取喻流水不一而足蓋其常言而逝夫子之旨云爾豈皆因門人之病而發之邪

徵逝者如斯夫不舍晝夜何註包曰逝往也言凡往也者如川之流邪邢昺疏孔子感嘆時事既往不可追復也漢至六朝詩賦所援皆止斯義無復異說蓋孔子嘆年歲之不可返以勉人及時用力或於學或於事親或於拮据國家皆爾至於宋儒始以道體解之殊失逝字義是其人厭性理談精微欲於論語中見斯意而不可得矣故穿鑿爲之爾且其意謂嘆年歲之不可返者常人之情也君子

易乾象曰天行健君子以自強不息

無入而不自得焉則不當有此嘆也吁聖人亦人耳豈遠人乎且固執中庸之言乎則聖人之喪親豈自得乎故曰彼一時也此一時也中庸乃言道之無不可行耳夫宋儒道體之說乃據易乾健及中庸至誠無息而引誠者天之道也以成其說是已夫健以釋乾耳豈可以盡於天乎健特天之一德也叚使天唯以健爲其德則天之德亦小矣哉中庸之誠性之德也性禀諸天故曰天之道也本非以誠爲天之德矣至誠無息亦謂習以成性則無息已子思之意在語學問之道而不論天道也

宋儒之學。理氣耳。貴理而賤氣。氣有生滅而理無生滅。是其道體之說。豈不佛老之遺乎。又謂氣有形而理無形。故以道之粲然者皆爲氣之所使。而欲執一無色相者以御之。是其道體之說。所以與亦豈不佛老之遺乎。至於仁齋引孟子以求勝宋儒。亦豈識逝字乎。

子曰。吾未見好德如好色者也。

【古】疾時人薄於德而厚於色。故發此言。

【新】謝氏曰。好好色。惡惡臭。誠也。好德如好色。斯誠好德矣。然民鮮能之。○史記。孔子居衛。靈公與夫人同車。使孔子爲次乘。招搖市過之。孔子醜之。故有此言。

子謂南容憲問篇

古義學而至於好德，則其學已實矣。然無眞好者，夫子之所以歎也。其苟好德如好色，則學之也眞，得之也實，始不負聖賢之言矣。

徵吾未見好德如好色者也。天下豈果無好德之人乎？子謂南容「尚德哉若人」，可以見已。故此有所爲之言。朱註引史記，爲是。但好德者，好有德之人也。後儒不識古言。謝氏曰「好好色，惡惡臭，誠也。好德如好色，斯誠好德矣。然民鮮能之」。鮮能字本諸中庸，分明失之。古來好色之君不好賢，好賢之君不好色，二者每每相反，自然之符也。故孔子云爾。大氐孔子之言，多爲人君言之者焉。後世窮措大

之解遂失之爾○

子曰譬如爲山未成一簣止吾止也譬如平地雖覆一簣進吾往也

古 包氏曰簣土籠也此勸人進於道德爲山者其功雖已多未成一籠而中道止者我不以其前功多而善之見其志不遂故不與也馬融曰平地者將進加功雖始覆一簣我不以其功少而薄之據其欲進而與之

新 簣土籠也書曰爲山九仞功虧一簣夫子之言蓋出於此言山成而但少一簣其止者吾自止耳平地而方覆一簣其進者吾自往耳蓋學者自彊不息則積少成多中道而止則前功盡棄其止其往皆在我而不在人也

古義 簣土籠也朱氏曰言山成而但少一簣其止者吾自止耳平地而方覆一簣其進者吾自往耳

盖學者自强不息則積少成多中道而止則前功盡棄其止其往皆在我而不在人也○天下之事進退之差雖小而成壞之跡甚大纔進則雖未遽成然成之機已著纔退則雖未驟壞然壞之端已萌其進其止皆在己而已耳可不自勉哉

書旅獒言朱註引之

請事斯語顔淵篇

先王法言已見

徵 譬如爲山盖孔子解書之言詩書禮樂先王四術○孔子當有解詩書之言其自言亦多稱引古語○觀顔淵仲弓請事斯語可以見已故曰非先王之法言○不敢道也人多不知此意此下五章以類錄之○

子曰語之而不惰者其回也與

古 顔淵解故語之而不惰餘人不解故有惰語之時

【新】惰懈怠也范氏曰顏子聞夫子之言而心解力行造次顛沛未嘗違之如萬物得時雨之潤發榮滋長何有於惰此羣弟子所不及也

【古義】惰懈怠也夫子之言一也聞之而有惰有不惰正在於信道之篤與否耳今讀夫子之語作作作輟若存若亾者非惟志倦氣餒之所致實信道不篤故也苟心之悅道猶口之悅芻豢則何有於惰

【徵】無說

子謂顏淵曰惜乎吾見其進也未見其止也

【古】包氏曰孔子謂顏淵進益未止痛惜之甚

【新】進止二字說見上章顏子既死而孔子惜之言其方進而未已也

【古義】朱氏曰顏子既死而夫子惜之言其方進而未已也」人之於學其止多而其進少若顏子之方

進而不已非全智仁勇之德者則不能大哉

徵無說

子曰苗而不秀者有矣夫秀而不實者有矣夫

古孔安國曰言萬物有生而不育成者喻人亦然

新穀之始生曰苗吐華曰秀成穀曰實蓋學而不至於成有如此者是以君子貴自勉也

古義穀之始生曰苗吐華曰秀成穀曰實此以穀譬學猶周詩所謂比者勉人之及時而進脩以期其成也言穀必期於實不然則雖至苗而秀不如蕙稗也況乎未苗以爲既秀未秀以爲既實者學者之通患也可不戒也

徵無說

子曰後生可畏焉知來者之不如今也四十五十而

四十曰强仕禮記內則

無聞焉斯亦不足畏也已

古 後生謂年少

新 孔子言後生年富力彊足以積學而有待其勢可畏安知其將來不如我之今日乎然或不能自勉至於老而無聞則不足畏矣言此以警人使及時勉學也曾子曰五十而不以善聞則不聞矣蓋述此意○尹氏曰少而不勉老而無聞則亦已矣自少而進者安知其不至於極乎是可畏也

古義 言後生雖年少然自彊不止則其勢不可禦焉豈容謂將來之賢者不如今乎然不能自勉至於老而無聞則亦不足畏言此以警人使及時自勉也此戒人方年富力彊之間當夙興夜寐惕厲自勤勉苟悠悠歲月至於老大則徒自悔焉而不可及故爲學者苟不及時而勤則猶草木當發生之時而欠灌培之功雖未遽枯槁然幹瘦枝瘁終不能暢茂焉此學者之所當深慮也

徵 四十曰彊仕五十而爵故四十五十德立名彰

之時也

子曰法語之言能無從乎改之爲貴巽與之言能無說乎繹之爲貴說而不繹從而不改吾末如之何也已矣

古 孔安國曰人有過以正道告之口無不順從之能必自改之乃爲貴」馬融曰巽恭也謂恭孫謹敬之言聞之無不說者能尋繹行之乃爲貴

新 法語者正言之也巽言者婉而導之也繹尋其緒也法言人所敬憚故必從然不改則面從而已巽言無所乖忤故必悅然不繹則又不足以知其微意之所在也○楊氏曰法言若孟子論行王政之類是也巽言若其論好貨好色之類是也語之而不達拒之而不受猶之可也其或喻焉則尚庶幾其能改繹矣從且說矣而不改繹焉則是終不改繹也已雖聖人其如之何哉

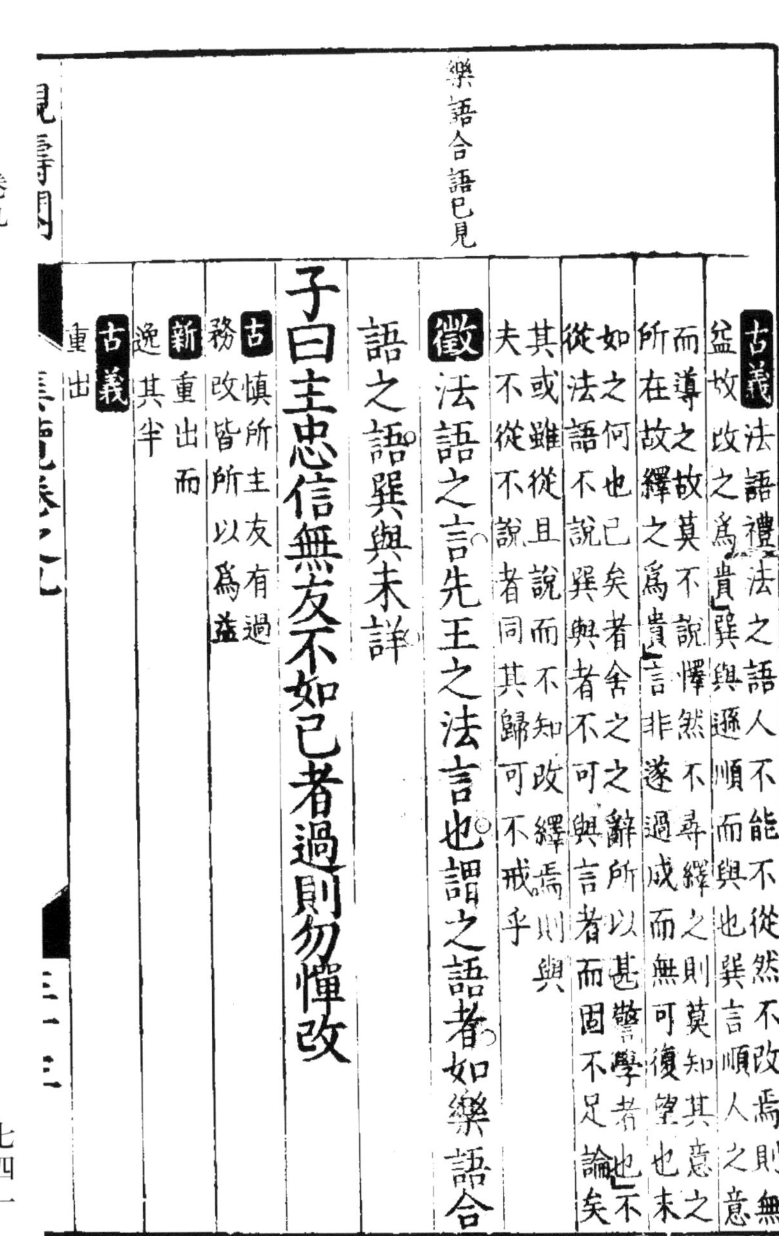

樂語合語已見

古義 法語禮法之語人不能不從然不改焉則無益故改之爲貴巽與遜順而與也巽言順人之意而導之故莫不說懌然不尋繹之則莫知其意之所在故繹之爲貴言非遂過成而無可復望也末如之何也已矣者舍之之辭所以甚警學者也不從法語巽與者不可與言者而固不足論矣其或雖從且說而不知改繹焉則與夫不從不說者同其歸可不戒乎

徵 法語之言先王之法言也謂之語者如樂語合語之語巽與未詳

子曰主忠信無友不如己者過則勿憚改

古 愼所主友有過務改皆所以爲益

新 重出而逸其半

古義 重出

徵無說

子曰三軍可奪帥也匹夫不可奪志也

古 孔安國曰三軍雖衆人心不一則其將帥可奪而取之匹夫雖微苟守其志不可得而奪也

新 侯氏曰三軍之勇在人匹夫之志在己故帥可奪而志不可奪如可奪則亦不足謂之志矣

古義 此言人之不可無志也夫三軍雖衆人心不一則其帥可奪而取之匹夫雖微苟守其志則不可得而奪也志之可尚也如此○黃氏榦曰共姜一婦人也而以死自誓其志之不可奪如此況志於仁志於道可得而奪乎

徵 三軍可奪帥也○匹夫不可奪志也○此爲人君而言之○欲其不侮匹夫匹婦焉○後儒不知○誤謂欲學者之立其志○儱侗哉○

子曰衣敝緼袍與衣狐貉者立而不恥者其由也與不忮不求何用不臧子路終身誦之子曰是道也何足以臧

古 孔安國曰緼枲著馬融曰忮害也臧善也言不忮害不貪求何用爲不善疾貪惡忮害之詩馬融曰臧善也尚復有美於是者何足以爲善

新 敝壞也緼枲著也袍衣有著者也蓋衣之賤者狐貉以狐貉之皮爲裘衣之貴者子路之志如此則能不以貧富動其心而可以進於道矣故夫子稱之忮害也求貪也臧善也言能不忮不求則何爲不善乎此衛風雄雉之詩孔子引之以美子路也呂氏曰貧與富交彊者必忮弱者必求終身誦之則自喜其能而不復求進於道矣故夫子復言此以警之○謝氏曰恥惡衣惡食學者之大病善心不存蓋由於此子路之志如此其過人遠矣然以衆人而能此則可以爲善矣子路之賢宜不止

此而終身誦之則非所以進於日新也故激而進之

【古義】縕枲著也縕袍衣之賤者狐貉裘之貴者言子路之志如此則能不以貧富動其心可知矣忮害求貪臧善也言能不忮不求則何爲不善乎此衛風雄雉之詩孔子引之以美子路也夫子恐子路或有其善故言是道當然也何足以爲善輔氏廣曰忮者嫉人之有而欲害之也求者恥己之無而欲取之也是皆爲事物之所累者也能於事物一無所累焉則何往而不善哉然義理無窮此特一事之善若遽自以爲善則不復求進於道蓋善心生於自足而息心生於自喜故夫子又言此以警之

【徵】不忮不求。當別爲一章。子路誦此詩。而孔子抑之。是別事已。孔子之於子路。或稱或抑。所以成材也。故聯而記之。俾學者知孔子教育英材之意。朱子不知。而謂孔子引詩而美子路。非也。是道也。指詩而言。猶云此詩未足以爲臧也。與下未之思也同例。葢詩書禮樂。皆先王之道也。故一言片句。皆稱爲道。古言爲爾。自老氏說大道。而後儒者特拈道字尊大之。其意非不美矣。然古言終微。如三年無改父之道。道字。學者難其解。亦坐不識古言故也。

無改父之道里仁篇

子曰歲寒然後知松柏之後彫也

古 大寒之歲衆木皆死然後知松柏小彫傷平歲則衆木亦有不死者故須歲寒而後別之喻凡人處治世亦能自修整與君子同在濁世然後知君子之正不苟容

新 范氏曰小人之在治世或與君子無異惟臨利害遇事變然後君子之所守可見也○謝氏曰士窮見節義世亂識忠臣欲學者必周於德

古義 此言君子之在平世或與小人無異惟臨利害遇事變然後君子之所守可見也由是觀之君子之在亂世不待賢者而後知之唯方其在平世自能知其爲君子而後謂之明也

徵 何晏曰。大寒之歲。衆木皆死。然後知松栢小彫傷。平歲則衆木亦有不死者。故須歲寒而後別之。新註無解。故特標之。世主多悅小人之易使。而謂君子不必勝人。故孔子有此言。

子曰知者不惑仁者不憂勇者不懼

古 包氏曰不惑亂孔安國曰無憂患孔安國曰無恐懼

或說大全朱子

安仁利仁里仁篇

新明足以燭理故不惑理足以勝私故不憂氣足以配道義故不懼此學之序也

古義此贊智仁勇之爲達德也知者達理故不惑仁者心寬故不憂勇者善斷故不懼此三者道德之全體而學問之要領也論曰中庸曰智仁勇三者天下之達德也可見外此更無可成德達材者也故聖人舉此三者而使學者由此而行之蓋本於知全於仁決於勇固爲學之次第成德之全體始終本末盡矣先儒專以大學篇爲古人爲學之次第而論孟次之者誤矣

徵知者不惑仁者不憂勇者不懼此孔子稱成德之人也朱註以爲學之序蓋本諸中庸然中庸言達德與此不同達德者謂德之通衆人皆有之者非謂知者仁者勇者也或以此知者在先仁者在次爲說是據安仁利仁而固執仁者優知者耳殊

不知德各以性殊。知者仁者。亦隨其性以成德已。夫仁知皆大德。故有時乎知在仁上。或可固執乎。如管仲。固孔子許其仁。然非桓公知而任之。安能成其仁。桓公爲管仲君。是知之德亦大矣。豈必亞仁。大氐宋儒不知孔子之道爲先王治天下之道。故其論仁知。亦不知從治天下上起見。所以鑿也。知者所見明。是以不爲物眩惑。故曰不惑。朱註明足以燭理。仁齋曰。達理。理學哉。夫言理則更有事。有人情。有時勢。豈理之所能盡乎。仁者不憂。朱註理足以勝私。是其渾然天理之說耳。仁齋曰。仁者

義本孟子據盡心上篇首端數章

心寬故不憂可謂不識其解已夫仁者有長人安民之德者也故仁人以安民爲心以安民爲心者事天者也事天者樂天故不憂是義本諸孟子誠孔門傳授之説也後儒不知仁爲安民之德而安民本於敬天故於仁者不憂不得其解耳勇者不懼無須乎解仁齋曰善斷故不懼一端哉

子曰可與共學未可與適道可與適道未可與立可與立未可與權

古 適之也雖學或得異端未必能之道雖能之道未必能有所立雖能有所立未必能權量其輕重之極

【新】可與者言其可與共爲此事也程子曰可與共學知所以求之也可與適道知所往也可與立者篤志固執而不變也權稱錘也所以稱物而知輕重者也可與權謂能權輕重使合義也○楊氏曰知爲己則可與共學矣學足以明善然後可與適道信道篤然後可與立知時措之宜然後可與權洪氏曰易九卦終於巽以行權權者聖人之大用未能立而言權猶人未能立而欲行鮮不仆矣程子曰漢儒以反經合道爲權故有權變權術之論皆非也權只是經也自漢以下無人識權字愚按先儒誤以此章連下文偏其反而爲一章故有反經合道之說程子非之是矣然以孟子嫂溺援之以手之義推之則權與經亦當有辨

【古注】可與者許其人之辭未可與者難其事之辭程子曰可與共學知所以求之也可與適道知所往也可與立者篤志固執而不變也權稱錘也所以稱物而知輕重者也可與權謂能權輕重使合義也楊氏曰知爲己則可與共學矣學足以明善然後可與適道信道篤然後可與立知時措之宜

然後可與權論曰漢儒以經對權謂反經合道爲權非也權字當以禮字對不可以經字對孟子曰男女授受不親禮也嫂溺援之以手者權也蓋禮有一定之則而權制其宜者也故孟子以權對禮而言不對經而言漢儒蓋以湯武放伐爲權故謂反經合道殊不知經即道也既反經焉能合道天下之所同然之謂道制一時之宜之謂權湯武之放伐蓋順天下之心而行之誅一夫紂矣非弑君也乃仁之至義之盡而非制一時之宜者也故當謂之道而不可謂之權也先儒又謂權非聖人不可用尤非也夫權學問之至要道之不可無權也猶臨敵之將應變制勝操舟之工隨風轉柁若否則必覆師而致溺矣故謂權不可輒用則可矣謂非聖人不可用則不可也孟子曰執中無權猶執一也言學之不可無權也

徵可與共學謂信道者也未可與適道謂雖信道其志止一經一藝者也可與適道者謂其志大而

三十而立爲政篇　四十曰强禮記内則

爲天下國家有九經中庸

畏聖人之言季氏篇

求至於先王之道者也。立如三十而立。謂學之成也。權如四十曰强。發謀出慮。謂成。而能用之也。如程子篤志固執而不變。楊氏知時措之宜。皆不知倫之言耳。宋儒以權爲聖人之大用。仁齋先生譏之。是矣。又引孟子。譏漢儒反經合道。而謂權當以禮對。亦是矣。祇如謂經即道也。殊未然。蓋經者以持緯言。是道之大綱處。如爲天下國家有九經是也。至於以湯武放伐爲道者。則大不然矣。何者。湯武聖人也。聖人者。道之所出也。孔子曰畏聖人之言。言猶畏之。況其所爲乎。故孔子而上。無論聖人

誅一夫紂孟子梁惠王篇

者夫湯武者開國之君也開國之君配諸天舉一代之人尊而奉之孰敢間之戰國時諸子興而後有非薄聖人者是天下之罪人也孟子生其時欲以口舌勝之遂有誅一夫紂之説湯武豈孟子所私哉孟子不自揣妄謂我道之祖務欲分疏其爲聖人是其過也爾後世有論湯武放伐者昉孟子也故漢儒以爲權仁齋以爲道皆僭妄已

唐棣之華偏其反而豈不爾思室是遠而子曰未之思也夫何遠之有

古 逸詩也唐棣移也華反而後合賦此詩者以言權道反而後至於大順思其人而不自見者其室

遠也以言思權而不得見者其道遠也夫思者當思其反反是不思所以爲遠能思其反何遠之有言權可知唯不知思耳思之有次序斯可知矣

【新】唐棣郁李也偏晉書作翩然則反亦當與翻同言華之搖動也而語助也此逸詩也於六義屬興上兩句無意義但以起下兩句之辭耳其所謂爾亦不知其何所指也夫子借其言而反之蓋前篇仁遠乎哉之意○程子曰聖人未嘗言易以驕人之志亦未嘗言難以阻人之進但曰未之思也夫何遠之有此言極有涵蓄意思深遠

【古義】何氏曰逸詩也唐棣移也華反而後合朱氏曰偏晉書作翩言華之搖動也而語助也愚按角弓之詩又有翩其反矣之句則從晉書爲是上兩句無意義但以起下句之辭耳夫子借詩之言而反之曰道甚近其以爲遠者未之思也夫子嘗曰仁遠乎哉我欲仁斯仁至矣又曰人之爲道而遠人不可以爲道皆言道之甚近也蓋道外無人人外無道聖人之設教也因人以立教而不立教以

驅人亦何遠之有第不知道者自以爲高爲美爲若升天然故視道甚遠而人益難入慨哉

徵唐棣之華朱子別爲一章引晉書偏作翩爲是子曰以下孔子解詩之言古之解詩豈解其辭哉詩辭豈難解哉觀此章則於古人學詩之方思過半矣

論語徵集覽卷之九 終

論語徵集覽卷之十

魏　何晏　集解
宋　朱熹　集註
大日本　藤維楨　古義
物茂卿　徵
從四位侍從源賴寬　輯

鄉黨第十

新楊氏曰聖人之所謂道者不離乎日用之間也故夫子之平日一動一靜門人皆審視而詳記之尹氏曰甚矣孔門諸子之嗜學也於聖人之容色言動無不謹書而備錄之以貽後世今讀其書卽其事宛然如聖人之在目也雖然聖人豈拘拘而爲之者哉蓋盛德

之至動容周旋自中乎禮耳學者欲潛心於聖人宜於此求焉舊說凡一章今分爲十七節

古義此門人記夫子之言動以狀一生之行者也其一言一動固雖不足以盡聖人之德然即此可以觀其動容周旋從容中道之妙猶昆蟲草木之微雖不足以觀天地之化然即此可以識造化發育之功也○尹氏曰甚矣孔門諸子之嗜學也於聖人之容色言動無不謹書而備錄之以貽後世今讀其書即其事宛然如聖人之在目也雖然聖人豈拘拘而爲之者哉蓋盛德之至動容周旋自中乎禮耳

孔子於鄉黨恂恂如也似不能言者其在宗廟朝廷便便言唯謹爾朝與下大夫言侃侃如也與上大夫言誾誾如也君在踧踖如也與與如也

新註至此爲一節

又至此爲一節

古義至誾如也爲一節君在屬

古王肅曰恂恂溫恭之貌」鄭玄曰便便辯也雖辯而謹敬」孔安國曰侃侃和樂之貌」孔安國曰誾誾中正之貌」馬融曰君在視朝也踧踖恭敬之貌與與威儀中適之貌

新恂恂信實之貌似不能言者謙卑遜順不以賢知先人也鄉黨父兄宗族之所在故孔子居之其容貌詞氣如此」便便辯也宗廟禮法之所在朝廷政事之所出言不可以不明辯故必詳問而極言之但謹而不放爾」○此一節記孔子在鄉黨宗廟朝廷言貌之不同」此君未視朝時也王制諸侯上大夫卿下大夫五人許氏說文侃侃剛直也誾誾和悅而諍也」君在視朝也踧踖恭敬不寧之貌與與威儀中適之貌張子曰與與不忘向君也亦通○此一節記孔子在朝廷事上接下之不同也

古義恂恂朱氏曰信實之貌鄉黨長老之所居故夫子敬之見其不以賢知敎人也」便便辯也古者大事必謀之於廟朝廷亦政事之所出故必正言而極論之但謹而不放爾」說文曰侃侃剛直也誾誾和悅而諍」右記孔子在鄉黨宗廟朝廷言語之不同以見聖人盛德之至隨處變化各當其可也」

君在。謂在位之時。在朝在廟燕見皆然。蹴踖。恭敬之貌。與與。威儀中適之貌。

徵 恂恂如。王肅曰。温恭貌。莫以尚焉。朱註。信實之貌。此以心言。不如以外貌之勝。且觀大學恂慄連言。則訓恭爲是。朱註。宗廟禮法之所在。朝廷政事之所出。本諸邢疏。今人多以祭祀釋禮法。豈翅祭祀乎。如下文聘禮。亦行之於廟。他邦之賓。皆接於廟。凡禮多行諸廟者。且祭祀豈尚言語乎。皆不知禮之失也。孔安國曰。侃侃。和樂之貌。誾誾。中正之貌。亦莫以尚焉。朱註。侃侃。剛直也。誾誾。和悅而諍也。誾誾之解。與中正或同。至於以侃侃爲剛直。蓋

閔子誾誾先進篇

未解其意何則下大夫孔子儕輩也故和樂上大夫爲卿當寔事故中正而無所阿也上大夫而和悦下大夫而剛直大似勢利之人孔子豈然乎又如閔子誾誾冉有子貢侃侃閔子齒尊且中正可以見德行也冉有子貢齒卑齒卑者儕輩自伍獨推尊者使先生言故和樂耳舊註亦極是

君召使擯色勃如也足躩如也揖所與立左右手衣前後襜如也趨進翼如也賓退必復命曰賓不顧矣

古 鄭玄曰君召使擯者有賓客使迎之孔安國曰必變色包氏曰足躩盤辟貌鄭玄曰揖左人左其手揖右人右其手一俛一仰衣前後襜如也孔安國曰言端好也鄭玄曰復命白君賓已去矣

古義自君在至此爲一節

新 擯主國之君所使出接賓者勃變色貌躩盤辟貌皆敬君命故也所與立謂同爲擯者也擯用命數之半如上公九命則用五人以次傳命揖左人則左其手揖右人則右其手襜整貌疾趨而進張拱端好如鳥舒翼紓君敬也○此一節記孔子爲君擯相之容

古義 擯君所使出接賓者周禮上公九介侯伯七介子男五介各隨其命數主國之君曰擯用命數之半下於賓以示謙也勃變色貌躩盤辟貌皆敬君命故也鄭氏曰揖左人左其手右人右其手一俛一仰衣前後襜如也襜整貌翼如鳥舒翼謂張拱端好舒君敬也右記孔子侍君及爲君擯相之容皆禮文之至末者聖人動容周旋無不中禮於此可知矣

徵 邢昺曰○云揖左人左其手○揖右人右其手者○謂傳擯時也○案○諸侯自相爲賓之禮○凡賓主各有副○賓副曰介○主副曰擯○若諸侯自行○則介各從其命

數。至主國大門外。主人及擯出門相接。若主君是公。則擯者五人。侯伯則擯者四人。子男則擯者二人。所以不隨命數者。謙也。故竝用強半之數也。賓若是公。來至門外。直當闑西。去門九十步而下車。當軹北嚮而立。鄭註考工記云。軹。轂末也。其侯伯立當前疾胡下。子男立當衡。註。衡謂車轅。其君當軨。而九介立在君之北。邐迤西北。竝東嚮而列。主公出直闑東南西嚮立。擯在主人之南。邐迤東南立。竝西嚮也。使末擯與末介相對。中間傍相去三丈六尺。列擯介既竟。則主君就擯求辭。所以須求辭者。不敢自許人求諸己。恐爲他事而至。故就求辭自謙之道也。求辭之法。主人先傳求辭之言與上擯。上擯以至次擯。次擯繼傳以至末擯。末擯傳與賓末介。末介以次繼傳。上至於賓。賓答辭隨其來意。又從上介而傳下至末介。末介又傳與末擯。末擯傳相次而上。至於主人。傳辭既竟。而後進迎賓至門。知擯介朝位如此者。大行人職文。又知傳辭拜迎賓前至門者。司儀職文。其傳辭司儀之交擯也。其列擯介傳辭委曲。約聘禮文。若諸侯使卿大夫相聘。其介與主位。則大行人云。卿大夫之禮。

各下其君二等。鄭註云。介與朝位是也。主君待之擯數。如待其君。其有異者。主君至大門而不出限。南面而立也。若公之使亦直闑西。北鄉七介而去門七十步。侯伯之使列五介。而去門五十步。子男之使三介。而去門三十步。上擯出闑外闑東南西鄉。陳介西北東面邐迤。如君自相見也。而末介末擯相對。亦相去三丈六尺。陳擯介竟。則不傳命而上擯進至末擯間南揖賓。賓亦進至末介間上擯與賓相去。亦三丈六尺。而上擯揖而請事。入告君。君在限内後。乃相與入也。知者約聘禮文。不傳辭。

司儀及聘禮謂之旅擯。君自來所以必傳命者。聘義云。君子於其所尊弗敢質。敬之至也。又若天子春夏受朝宗則無迎法。受享則有之。故大行人云。廟中將幣三享。鄭云。朝先享。不言朝者。朝正禮。不嫌有等也。若秋冬覲遇。一受之於廟。則亦無迎法。故郊特牲云。覲禮天子不下堂而見諸侯。明冬遇依秋也。以爲擯之禮依次傳命。故揖左人左其手。揖右人右其手。一俛一仰。使衣前後襜如也。右邢疏之文如此。但曰侯伯立前疾胡下者。裁大行人職與鄭註之文。大行人職曰立當前疾。鄭註曰。前疾。謂駟馬車轅前胡下垂拄地者。賈公彦疏曰。謂若輈人輈深四尺七寸軾前曲中是也。按輈人職曰。凡揉輈。欲其孫而無弧深。弧音胡。木弓也。又曰輈欲弧而無折。此謂輈之曲處似弓者爲弧。鄭註胡。卽弧也。是邢昺不善裁之失已。邢疏又曰。其君當軫。軫卽軹之誤也。大行人職鄭註曰。王立當軫歟。則賓豈得當軫乎。邢又曰。所以須求辭者。不敢自許人求諸己。恐爲他事而至。故就求辭。自謙之道也。非也。聘禮鄭註曰。旣知其所爲來之事復請之者。賓來當與主君爲禮。爲其謙不敢斥尊者。啓發以進之。可以見已。邢又曰。不傳辭。司儀及聘禮謂之旅擯。按聘禮無旅擯之文。司儀職有交擯有旅擯。旅擯。鄭註曰。旅讀爲鴻臚之臚。臚陳之也。陳擯位不傳辭也。交擯。鄭註曰。各陳九介。使傳辭也。是邢昺時理學未興。故猶引禮釋之。然其說粗鹵。已不及賈公彥輩也。程朱出而禮樂掃地。故今學者徒讀新註。至此等章。茫然不識其所言之意矣。又按介擯之間所以相去三丈六尺者。聘禮註曰。門容二轍參个。旁加各一步也。賈疏曰。轍廣八尺。參个三八二十四。門容二丈四。云傍加各一步也者。此無正文。但人之進退周旋不過再舉足一步。故門傍各容一步。丈二添二丈四尺爲三丈六尺。今按周一尺直今曲尺七寸二分。則二丈四尺爲一丈七尺二寸八分。三丈六尺爲二丈五尺九寸二分。

賓不顧矣。是聘禮之文也。古人之言皆有方言。可以見已。邢疏曰。案聘禮行聘享私覿禮畢。賓出公再拜送。賓不顧。鄭註曰。公旣拜。客趨辟。君命上擯送賓出。反告賓不顧矣。於此君可以反路寢矣。朱註曰。紓君敬也。可謂不知禮已。學者熟三禮而後論語可得而言焉。不然。其不任臆自恣者幾希矣。

入公門，鞠躬如也，如不容。立不中門，行不履閾。過位，色勃如也，足躩如也，其言似不足者。攝齊升堂，鞠躬如也，屏氣似不息者。出降一等，逞顏色，怡怡如也。沒階趨進，翼如也。復其位，踧踖如也。

古 孔安國曰斂身」孔安國曰閾門限也」包氏曰過君之空位也」孔安國曰皆重慎也衣下曰齊攝齊者摳衣也」孔安國曰先屏氣下階舒氣故怡怡如也」孔安國曰沒盡也下盡階」孔安國曰來時所過位也

新 鞠躬曲身也公門高大而若不容敬之至也」中門中於門也謂當棖闑之間君出入處也閾門限也禮士大夫出入君門由闑右不踐閾謝氏曰立中門則當尊行履閾則不恪」位君之虛位謂門屏

之間人君宁立之處所謂宁也君雖不在過之必敬不敢以虛位而慢之也言似不足不敢肆也」攝摳也齊衣下縫也禮將升堂兩手摳衣使去地尺恐躡之而傾跌失容也屏藏也息鼻息出入者也近至尊氣容肅也」陸氏曰趨下本無進字俗本有之誤也○等階之級也逞放也漸遠所尊舒氣解顏怡怡和悅也没階下盡階也趨走就位也復位踧踖敬之餘也○此一節記孔子在朝之容

【古義】鞠躬曲身也如不容敬之至也」君門中央有闑兩旁有棖棖闑之中君出入處閾門限也復閾則不敬」邢氏曰過位過君之空位也謂門屏之間人君宁立之處君雖不在人臣過之宜敬也言似不足不敢肆也」攝摳也齊衣下縫也朱氏曰禮將升堂兩手摳衣使去地尺恐躡之而傾跌失容也息鼻息出入者也近至尊氣容肅也」等階級也逞放也出下階一級則漸遠所尊故解其顏色怡怡和悅也没階下盡階也趨走就位也復位復堂下班列之位也踧踖不忘敬也」右記孔子在朝進退之容

荀子大略篇曰平衡曰拜下衡曰稽首至地曰稽顙揚註曰平衡謂磬折頭與腰如衡之平禮記平衡與此義殊

徵 入公門鞠躬如也如不容聘禮記曰執圭入門鞠躬焉如恐失之與此相類彼以聘執圭言之故曰如恐失之此則泛言之故如不容孔安國曰斂身盡之矣曰鞠躬如也可見形容之言後世儀註以鞠躬爲拜揖一類贊唱曰鞠躬拜興可謂謬已大氐後世之禮多不與古同者如拜稽首稽顙自周禮鄭玄註旣失蓋秦以後之禮已予徵諸荀子乃得古拜禮併及此焉立不中門邢昺曰中門謂棖闑之中央君門中央有闑兩旁有棖棖謂之門楔棖闑之中是尊者所立處故人臣不得當之而

爾雅釋宮

儀禮聘禮註疏

立也按玉藻曰閏月則闔門左扉立于其中是立者尊右坐者尊左故也曲禮曰爲人子者立不中門註不敢當其尊是以私門言之邪據此等之文已祇振爲門梐梐者行馬也爲誤爾雅曰橛謂之闑棖謂之楔方言曰棖隨也註棖柱令相隨也則今之貼方也字書闑爲門梱閾爲門楔橛爲門梱皆非矣棖者門兩旁長木闑者門中央短木儀禮註疏有東闑西闑蓋闑所以止扇扇有二故闑亦有二註疏摘多可采其說當是又按曲禮曰大夫士出入君門由闑右不踐閾玉藻曰賓入不中門

不履閾是不唯立不中門凡出入皆然玉藻又曰君入門介拂闑大夫中棖與闑之間士介拂棖是謂君朝它邦時大夫從君後君中門故大夫亦中門也行不履閾邢疏曰一則自高二則不淨並爲不敬過位包咸曰過君之空位邢疏曰謂門屏之間人君宁立之處按曲禮曰天子當宁而立諸公東面諸侯西面曰朝孔疏爾雅云門屏之間謂之宁郭註云人君視朝所宁立處李巡云正門內兩塾間曰宁謂天子受朝於路門外而宁立以待諸侯之至故云當宁而立也然路門外有屏者卽樹

塞門是也。爾雅云正門謂之應門，又云屏謂之樹。李巡云垣當門自蔽名曰樹。郭云小牆當門中。今案李郭二註以推驗禮文，諸侯內屏在路門之內，天子外屏在路門之外而近應門者也。是邢疏以路門內言之。按聘禮記曰下階發氣怡焉，再三舉足又趨。註引論語升堂鞠躬如以下蓋聘禮記之發氣乃以鄉升堂時屏氣也。復其位孔安國曰來時所過位也。蓋復訓踐，踐君之空位，故踧踖不寧。朱註以爲己之位，是泥其字耳，殊不知古文辭不若是拘拘也。就己之位踧踖殊爲無意。謂陸氏曰趨下本無進字。俗本有之。誤。蓋沒階趨者退也豈得謂之進乎。

執圭鞠躬如也如不勝上如揖下如授勃如戰色足蹜蹜如有循享禮有容色私覿愉愉如也

古 包氏曰爲君使聘問鄰國執持君之圭鞠躬者敬慎之至」鄭玄曰上如揖授玉宜敬下如授不敢忘禮戰色敬也足蹜蹜如有循舉前曳踵行」鄭玄曰享獻也聘禮既聘而享用圭璧有庭實」鄭玄曰覿見也既享乃以私禮見愉愉顏色和

新 圭諸侯命圭聘問鄰國則使大夫執以通信如不勝執主器執輕如不克敬謹之至也上如揖下如如授謂執圭平衡手與心齊高不過揖卑不過授也戰色戰而色懼也蹜蹜舉足促狹也如有循記所謂舉前曳踵言行不離地如緣物也」享獻也既聘而享用圭璧有庭實有容色和也儀禮曰發氣

滿容」私覿以私禮見也愉愉則又和矣○此一節記孔子爲君聘於鄰國之禮也晁氏曰孔子定公九年仕魯至十三年適齊其間絶無朝聘往來之事疑使擯執圭兩條但孔子嘗言其禮當如此爾

古義 圭諸侯之命圭聘問鄰國則使大夫執以通信還則納之於君如不勝如重不能舉愼之至也上下言上下堂之際鄭氏曰上如揖謂授玉時宜敬故如揖也下如授謂既授玉而降猶如授玉不敢忘禮戰色戰而色懼也蹜蹜擧足促狹也有循言行不離地如緣物也」鄭氏曰享獻也聘禮既聘而享用圭璧有庭實有容色不復戰栗也」鄭氏曰覿見也既享乃以私禮見之愉愉顔色之和」右記孔子爲君聘於鄰國之禮也黄氏榦曰此章言出使有三節執圭禮之正也享禮則稍輕私覿則又輕矣故其容節之不同也如此○按孔子聘問鄰國之事雖不載經傳然當時門人親見而直記之則鄉黨一篇尤可信據也

徵 執圭鞠躬如也○是諸侯聘之事○使大夫執圭以

圭璋特達聘義言

通信其禮先聘次享次私覿聘者致命授圭聘于夫人以璋無幣故曰圭璋特達享者束帛加璧庭實虎豹之皮享于夫人以琮覿者奉束錦執馬君醴賓有籩豆脯醢此三者皆一日行之聘享公事覿私事故曰私覿爲人臣者無外交但由使而見古有此禮也次君送賓饔餼次問次面問者賓以其君命致束帛四皮于主國之卿公事也面者賓自致儷皮四馬私事也次饋夫人送之如饔餼次壹食再饗主君烹大牢以飲賓也次主國大夫饗賓次還玉謂還其圭璧璋琮也次公館賓主君詣

賓館訪之也然後賓行。其詳見于聘禮。今學者唯讀論語註。而不知其顛末。故略言之爾。聘禮記曰。上介執圭如重。授賓。賓入門皇。升堂讓。將授志趨。授如爭。承下如送。君還而后退。下階發氣怡焉。再三舉足又趨。及門正焉。又曰。執圭入門。鞠躬焉如恐失之。及享發氣焉盈容。衆介北面蹌焉。私覿愉愉焉。出如舒雁。又曰。皇且行。入門主敬。升堂主慎。皆與論語互相發。但入門皇。註皇自莊盛也。非矣。與下文入門主敬及論語鞠躬不合。皇當是惶。古字通用。升堂讓。註謂舉手平衡也。非矣。此經所謂至于階三讓。公升二等。是也。將授志趨。註。志猶念也。念趨謂審行步也。疏以徐趨解之。卽曲禮所謂執主器。操幣圭璧。則尚左手。行不舉足。車輪曳踵。又所謂執玉不趍。堂上接武。堂下布武。又玉藻所謂圈豚行不舉足。齊如流。執龜玉舉前曳踵。踧踖如也。是也。授如爭。承。註。爭爭鬭之爭。重失隊也。疏謂就東楹授玉於主君時。如與人爭接取物。恐失墜也。下如送。疏謂聘享每訖。君實不送。而賓之敬如君送。非矣。授如爭。絕句。承下如送。絕句。既授圭不敢放手。其狀如爭物然也。承下如送者。既放手而猶以手承于下。君旋則隨旋。其狀如送然也。君還則退。還音旋。如周還折還之還。君轉身畢而後退。皆爲重玉恐其失墜故也。鄭註引論語此文。其意以升堂讓爲上如揖。以下如送爲下如授。故論語鄭註曰。上如揖授玉宜敬。下如授。不敢忘禮。邢疏曰。旣授玉而降。雖不執玉。猶如授時。不敢忘禮也。皆非矣。凡升堂下堂。禮皆以升下言之。其以上下言之者。未之有也。且下文別有下階。則其誤可知已。朱註。謂執圭平衡。手與心齊。高不過揖。卑不過授也。得之。祗徒言高卑。而不言所以高卑。則似執圭時或有高卑。爲粗已。夫執圭時高時卑。可謂不敬。按曲禮。執天子之器則上衡。是如揖也。執國君之器則平衡。是如授也。發氣焉盈容。卽論語有容色也。私覿愉愉焉。以其有醴賓之事也。今學者徒以聘享覿禮有輕重解之。粗也。夫私覿亦禮也。非與其君有素也。其所以愉愉者。爲其不執玉。又有醴故也。享亦執璧。以其非命圭。故發氣焉盈容。是其鞠躬容色愉愉之差。皆以玉也。又按何註。享用圭璧。非也。享用璧而已矣。又按何註。享獻也。是釋詁之文。蓋圭璋璧琮。宅日皆還之。祇束帛四皮

公用亨于天子易大有九三

王用亨于岐山易升六四

亨者嘉之會也嘉會足以合禮傳文言觀其會通行其典禮據繫辭

左傳定十五年

則不還故古者以獻訓之學者多疑故詳爾又按亨諸儒皆許兩反則聘亨壹食再饗其在當時言之者何以別之因考易亨虛庚反訓通公用亨于天子王用亨于岐山皆訓通殊不成意義蓋此皆聘亨之亨古作亨故曰亨者嘉之會也嘉會足以合禮觀其會通行其典禮皆聘亨之亨也五禮吉凶軍賓嘉聘享在五禮爲賓然如左傳子貢論執玉高卑而曰嘉事不體何以能久是或稱賓禮爲嘉故曰嘉會兩國之所以合禮故曰足以合禮聘享以通萬國故訓通其音當依易虛庚反食饗之

饗許兩反。然後二者音不相混。在古當爾。其在文古虛庚反者作亨。許兩反者作享。後世許兩反者作饗。而虛庚反者借享。遂致併誤其音爾。學者審諸。又按此章孔子言禮也。非記孔子之事也。朱子爲是。仁齋先生乃不信春秋經傳。固據此篇記孔子之行。而謂孔子必有聘鄰國之事。可謂執拗已。下文曰。君子不以紺緅飾。其非皆孔子之事者。豈不章章乎。邢昺陋儒。以君子爲孔子。仁齋又以爲衍文。夫不信六經而信論語。猶之可矣。至於論語不與己合者。則斥爲衍文。是論語亦不足信。而唯

問禮於老聃家語觀周篇

已是信豈不横乎仁齋又曰聖人之一身動容周旋自中於禮故門人審視熟察則儆矜式傳以爲禮若前篇所記食於有喪者之側未嘗飽及此篇所記今多見于禮記皆爲是也蓋自孔子發之非盡舉古禮而行之也其以爲雜記曲禮者不深考耳此仁齋先有此見横其胸中種種強詞由此而出夫禮者古聖人之所作孔子學之故曰問禮於老聃中庸曰優優大哉禮儀三百威儀三千待其人而後行語先王之道也故曰苟不至德至道不凝語孔子也夫孔子學古聖人之道以成其德是

故曰述而篇

孟子盡心篇曰動容周旋中禮

以先王之道。卽孔子之行。孔子之行卽先王之道。故曰吾無行而不與二三子者。是丘也。何則其所言與其所行一也。故門弟子作論語。旣記孔子之所行。又記孔子之所嘗言。無復差別者。爲是故也。則所謂雜記曲禮者。庸何傷乎。仁齋乃固執論語爲孔子語錄。鄉黨一篇。必記孔子之行者。獨何心哉。其說至於色斯舉矣而一窮焉。至於邦君之妻而再窮焉。且所謂動容周旋中禮者。何謂也。謂中於先王之禮也。中也者。喻諸射。發於此而中於彼也。其心所不知覺。而自然合於禮。故曰盛德之至。

者盛德之至也

若以爲非先王之禮。則亦當如宋儒之説。以天理節文解之。而後其義始通矣。是其人識宋儒。而終不能出於宋儒之範圍。吾謂之理學者流。豈不然乎。

君子不以紺緅飾紅紫不以爲褻服當暑袗絺綌必表而出之緇衣羔裘素衣麑裘黄衣狐裘褻裘長短右袂必有寢衣長一身有半狐貉之厚以居去喪無所不佩非帷裳必殺之羔裘玄冠不以弔吉月必朝服而朝齊必有明衣布

古 孔安國曰一入曰緅飾者不以爲領袖緣也紺者齋服盛色以爲飾衣似衣齋服緅者三年練以

緅飾衣爲其似衣喪服故皆不以爲飾衣」王肅曰褻服私居服非公會之服皆不正褻尚不衣正服無所施」孔安國曰暑則單服絺綌葛也必表而出之加上衣」孔安國曰服皆中外之色相稱也私家裘長主温短右袂便作事」孔安國曰今之被也」鄭玄曰在家以接賓客」孔安國曰去除也非喪則備佩所宜佩也」王肅曰衣必有殺縫唯帷裳無殺也」孔安國曰喪主素吉主玄吉凶異服」孔安國曰吉月月朔也朝服皮弁服」孔安國曰以布爲沐浴衣

【新】君子謂孔子緅深青揚赤色齋服也緅絳色三年之喪以飾練服也飾領緣也」紅紫間色不正且近於婦人女子之服也褻服私居服也言此則不以爲朝祭之服可知」袗單也葛之精者曰絺麤者曰綌表而出之謂先著裏衣表絺綌而出之於外欲其不見體也詩所謂蒙彼縐絺是也」緇黑色羔裘用黑羊皮麑鹿子色白狐色黃衣以裼裘欲其相稱」長欲其温短右袂所以便作事」齊主於敬不可解衣而寢又不可著明衣而寢故別有寢衣其半蓋以覆足程子曰此錯簡當在齊必有明衣布

新註至朝服而朝爲一節明衣屬下

之下愚謂如此則此條與明衣變食既得以類相從而褻裘狐貉亦得以類相從矣」狐貉毛深溫厚私居取其適體」君子無故玉不去身觿礪之屬亦皆佩也」朝祭之服裳用正幅如帷要有襞積而旁無殺縫其餘若深衣要半下齊倍要則無襞績而有殺縫矣」喪主素吉主玄弔必變服所以哀死」吉月月朔也孔子在魯致仕時如此（　）此一節記孔子衣服之制蘇氏曰此孔氏遺書雜記曲禮非特孔子事」齋必沐浴浴竟即著明衣所以明潔其體也」以布爲之此下脫前章寢衣一簡

古義 邢氏曰君子謂孔子或曰衍文紺深青揚赤色緅考工記曰染纁者三入而成又再染以黑則爲緅如雀頭色也飾緣也蔡氏清曰齋服用紺飾喪服用緅飾此謂不以齋服喪服之飾飾常服也」紅紫間色不正褻服私居服也褻猶不衣則不以爲朝祭之服可知」邢氏曰袗單也葛精曰絺麤曰綌朱氏曰表而出之謂先著裏衣表絺綌而出之於外欲其不見體也」緇黑色羔裘黑羊裘也麑鹿子色白玉藻曰羔裘緇衣以裼之邢氏曰中衣外裘皆相稱也緇衣羔裘之上必用布衣爲裼緇衣

古義節同新註

焉裘諸侯君臣日視朝之服也素衣麑裘視朔之服卿大夫亦然或受外國之聘享黃衣狐裘則大蜡之息民之祭服也孔氏曰私家裘長主溫短右袂便作事程子曰此錯簡當在齊必有明衣布之下朱氏曰齊主於敬不可解衣而寢又不可著明衣而寢故別有寢衣其半蓋以覆足狐貉毛深而溫在家主溫故厚爲之邢氏曰去除也居喪無飾故不佩除喪則備佩所宜佩也朱氏曰朝祭之服裳用正幅如帷要有襞積而旁無殺縫其餘若深衣要半下齊倍要則無襞積而有殺縫矣羔裘朝服玄冠祭服用之于吉故不以弔吉月月朔也朱氏曰孔子在魯致仕時如此右記孔子衣服之制蓋聖人之一身動容周旋自中於禮故門人審視熟察則傚於式傳以爲禮若前篇所記食有喪者之側未嘗飽及此篇所記今多見于禮記皆爲是也蓋自孔子發之非盡舉古禮而行之也其以爲雜記曲禮者不深考耳禮記諸篇與此篇事同者當以此意看齊必沐浴浴竟即著明衣所以明潔其體也以布爲之朱氏曰此下脫前章寢衣一簡

徵君子不以紺緅飾。孔安國曰。一入曰緅。飾者不以爲領袖緣也。朱註脫袖字。粗鹵矣。邢疏引考工記云。三入爲纁。五入爲緅。七入爲緇。註云染纁者三入而成。又再染以黑則爲緅。緅今禮俗文作爵。言如爵頭色也。又復再染以黑乃成緇矣。爾雅曰。一染謂之縓。再染謂之竀。三染謂之纁。今孔氏云。一入曰緅者。未知出何書。按觀於下文齋必變食居必遷坐。則齋之所用。它不用之。所以重齋也。紅紫不以爲褻服。王肅曰。皆不正。褻尚不衣正服無所施。朱註因之。然當孔子之時。朝祭之服皆有先王之禮。故不須言。褻服獨宜若從俗。然。故云爾。此本文所以止言褻服而義自足也。王朱及於朝祭之服。可謂不知孔子之時爾。夫朝祭服一依禮。何得謂是正色。是間色。而以己意取舍之爲哉。且玉藻玄冠紫緌。自魯桓公始也。註。蓋僭宋王者之後服也。此間色亦非不用已。

當暑。袗絺綌。必表而出之。孔安國曰。暑則單服。絺綌葛也。必表而出之。加上衣。按曲禮曰。袗絺綌不入公門。註。袗單也。爲其形褻。此與論語正同。故表謂加上衣。出之謂絺綌之末見于外。猶如衣裘之

詩鄘風

碩人詩衛風羊詩鄭風

相稱然。玉藻疏載皇氏之説。中衣之上加葛。葛上加朝服。可以見己。朱註。先著裡衣。表絺綌而出之於外。欲其不見體。引詩蒙彼縐絺。可謂不知禮矣。所引君子偕老。婦人之詩也。它如碩人詩衣錦褧衣。羊詩裳錦褧裳。皆豈君子之服乎。

緇衣羔裘。素衣麑裘。黃衣狐裘。孔安國曰。服皆中外之色相稱也。邢疏謂中衣外裘。非也。葢中指裘。外指衣。何則。玉藻曰。君衣狐白裘。錦衣以裼之。君子狐青裘豹褎。玄綃衣以裼之。麛裘青豻褎。絞衣以裼之。羔裘豹飾。緇衣以裼之。狐裘黃衣以裼之。

是取其色稱者。爲裼故也。郊特牲曰。丹朱中衣。而古外衣無朱。可見中衣不拘已邪。又曰。緇衣羔裘。朝服也。而引士冠禮。主人玄冠朝服緇帶素韠。爲是。素衣麑裘。視朔之服也。而引鄭玄論語註。黄衣狐裘。大蜡息民之祭服也。而引郊特牲。黄衣黄冠而祭。息田夫也。爲是。又按玉藻孔頴達正義。載皇氏之說云。先加明衣。次加中衣。冬則次加袍繭。夏則不袍繭。用葛也。次加祭服。若朝服布衣。亦先以明衣親身。次加中衣。冬則次加裘。裘上加裼衣。裼衣之上加朝服。夏則中衣之上。不用裘而加葛。葛

司服職周禮春官

上加朝服。論語邢疏又引之。按明衣齋時所用。豈祭朝用之乎。司服職云。祀昊天大裘。則祭服無裘者亦非矣。裼衣上加朝衣。亦經傳所無。不可從矣。

必有寢衣。孔安國曰。今之被也。程子以爲當在明衣布之下。觀必有字。則程子爲是。

狐貉之厚以居。鄭曰。在家以接賓客。朱註。狐貉毛深溫厚。私居取其適體。仁齋乃曰。狐貉毛深而溫。在家主溫。故厚爲之。豈謂以爲褥邪。則倭人不識居字也。

去喪無所不佩。孔安國曰。去除也。非喪則備佩所宜佩也。朱註。觽礪之屬。亦皆佩也。此據本文無所不。孔安國備字。而遂及觽礪之屬耳。然玉藻曰。古之君子必佩玉。右徵角。左宮羽。趨以采齊。行以肆夏。周還中規。折還中矩。進則揖之。退則揚之。然後玉鏘鳴也。故君子在車則聞鸞和之聲。行則鳴佩玉。是以非辟之心無自入也。凡帶必有佩玉。唯喪否。君子無故玉不去身。君子於玉比德焉。是喪所不佩者。主玉以其有聲似樂也。則無所不佩。亦謂朝祭及見賓客皆佩耳。如觿礪。乃子弟事父母之禮。豈君子所必佩乎。升庵文集。引王逸曰。行清潔

升庵外集經說部

者佩芳德光明者佩玉。能解結者佩觿。能決疑者佩玦。故孔子無所不佩。是亦自旁人言之。豈孔子自謂乎。

羔裘玄冠不以弔。孔安國曰。喪主素。吉主玄。吉凶異服。可謂善解已。朱註。弔必變服。所以哀死。非也。豈禮所無。而孔子爲哀其死故然乎。宋儒不問禮動求諸心。妄哉。

吉月必朝服而朝。孔安國曰。吉月。月朔也。朝服皮弁服。邢疏曰。士冠禮云。皮弁服素積緇帶素韠。鄭註。此與君視朔之服也。皮弁者。以白鹿皮爲冠。象

我愛其禮八佾篇

上古也。積猶辟也。以素爲裳。辟蹙其要中。皮弁之衣用布亦十五升。其色象焉。按玉藻。天子皮弁以日視朝。故亦謂之朝服也。邢疏曰。魯自文公不行視朔之禮。孔子恐其禮廢。故每於月朔。必衣此視朔之服而朝於君。所謂我愛其禮也。可謂善解已。

朱註曰。孔子在魯致仕時如此。臆説哉。

齊必變食居必遷坐食不厭精膾不厭細食饐而餲魚餒而肉敗不食色惡不食臭惡不食失飪不食不時不食割不正不食不得其醬不食肉雖多不使勝食氣唯酒無量不及亂沽酒市脯不食不撤薑食不

多食祭於公不宿肉祭肉不出三日出三日不食之矣食不語寢不言雖疏食菜羮瓜祭必齊如也

【古】孔安國曰改常饌」孔安國曰易常處」孔安國曰饐餲臭味變」魚敗曰餒」孔安國曰失飪失生熟之節」鄭玄曰不時非朝夕日中時」馬融曰魚膾非芥醬不食」孔安國曰撤去也齊禁薰物薑辛而不臭故不去」孔安國曰不過飽」周生烈曰助祭於君所得牲體歸則頒賜不留神惠」鄭玄曰自其家祭肉過三日不食是褻鬼神之餘」孔安國曰齊嚴敬貌三物雖薄祭之必敬

【新】變食謂不飲酒不茹葷遷坐易常處也○此一節記孔子謹齊之事楊氏曰齊所以交神故致潔變常以盡敬」食飯也精鑿也牛羊與魚之腥聶而切之爲膾食精則能養人膾麤則能害人不厭言以是爲善非謂必欲如是也」饐飯傷熱濕也餲味變也魚爛曰餒肉腐曰敗色惡臭惡未敗而色臭變也飪烹調生熟之節也不時五穀不成果實未熟之類此數者皆足以傷人故不食」割肉不方正

者不食造次不離於正也漢陸續之母切肉未嘗不方斷葱以寸爲度蓋其質美與此暗合也食肉用醬各有所宜不得則不食惡其不備也此二者無害於人但不以嗜味而苟食耳」食以穀爲主故不使肉勝食氣酒以爲人合歡故不爲量但以醉爲節而不及亂耳程子曰不及亂者非惟不使亂志雖血氣亦不可使亂但浹洽而已可也」沽市皆實也恐不精潔或傷人也與不嘗康子之藥同意」薑通神明去穢惡故不撤」適可而止無貪心也」助祭於公所得胙肉歸即頒賜不俟經宿者不留神惠也家之祭肉則不過三日皆以分賜蓋過三日則肉必敗而人不食之是褻鬼神之餘也但比君所賜胙可少緩耳」答述曰語自言曰言范氏曰聖人存心不他當食而食當寢而寢言語非其時也楊氏曰肺爲氣主而聲出焉寢食則氣窒而不通語言恐傷之也亦通」陸氏曰魯論爪作必○古人飲食每種各出少許置之豆間之地以祭先代始爲飲食之人不忘本也齊嚴敬貌孔子雖薄物必祭其祭必敬聖人之誠也○此一節記孔子飲食之節謝氏曰聖人飲食如此非極口腹之欲蓋養氣

自食不厭精至
不多食爲一節
下又爲一節

體不以傷生當如此然聖人之所不食窮
口腹者或反食之欲心勝而不暇擇也
古義 變食謂不飲酒不茹葷遷坐易常處也」右記
孔子謹齊之事齊所以交神也不可不致潔焉」食
飯也精鑿也牛羊與魚之腥聶而切之爲膾食精
能養人膾麤必害人不厭言以是爲善非謂必欲精
若此也」饐飯傷熱濕也餲味變也魚爛曰餒」未敗
而色臭變也」飪烹調生熟之節也」五穀不成果實
未熟之類以上五件皆足以傷人故不食」割肉不
方正者不食造次不離於正也」饒氏魯曰古之制
飲食者使人食其物則用其醬不是氣味相宜必
是相制不得之則必有害故不食也」食氣以穀爲主
故不使肉勝食氣」酒以爲人合歡故以醉爲度而
不使血氣亂也」沽市皆買也恐不精潔或傷人也」
按本草薑性辛溫開胃益脾能通心肺食中之要
藥也故每食必設但不多食耳或曰薑性辛辣能
制魚肉毒故必設其謂通神明者蓋依孔子附會
之耳也」右記孔子飲食之節蓋身者道之所在養
身即所以修道也欲修道而先輕其身非知道者
也飲食養身之大者故聖人謹之」助祭於公所得

莊子人間世曰顏回曰回之家貧唯不飲酒不茹葷者數月矣若此則可以爲齋乎　膳夫職周禮天官　玉府職同

胙肉或自食或頒賜不俟經宿者不留神惠也」家之祭肉則不過三日皆自食或以分賜若出三日則雖祭肉不食之恐傷人也」食食祭肉也答述曰語自言曰言當食祭肉則不爲人答述當齊則寢不自言亦所以敬神也」陸氏曰魯論瓜作必朱氏曰古人飲食每種各出少許置之豆間之地以祭先代始爲飲食之人不忘本也齊嚴敬貌孔子雖薄物必祭其祭必敬聖人之誠也」右記孔子受胙及雖微物必祭之誠意

徵　齊必變食居必遷坐孔安國曰改常饌易常處朱氏曰謂不飲酒不茹葷其說本於莊子莊子古書可以徵已然齋之變食不唯此耳膳夫職曰以樂侑食膳夫授祭品嘗食王乃食卒食以樂徹于造王齋日三舉玉府職曰王齋則共食玉鄭司農

云王齋當食玉屑曲禮曰齋者不樂不弔陸氏樂音洛按此曰王齋日三舉則天子之齋日三大牢又有供玉屑之事但不奏樂不飲酒不茹葷爲異耳群下之齋未聞也然亦當盛饌此所謂變食也朱氏唯以不茹葷不飲酒解之可謂昧乎古已但曲禮之不樂陸氏音洛者乃據三舉之文誤以爲舉樂故也祭統曰耳不聽樂故記曰齋者不樂言不敢散其志也可以見已大行人職食禮九舉註鄭司農曰舉舉樂也鄭玄曰九舉舉牲體九飯也賈疏曰先鄭云舉舉樂也者按襄二十六年左氏

大司樂職周禮春官

傳云將刑爲之不舉不舉則徹樂後鄭易之以爲舉牲體者但此經食禮九舉與饗禮九獻相連故以食禮九舉爲舉牲體其實舉中可以兼樂以其彼傳亦因舉食而言也此賈公彥亦不知鄭玄之意蓋禮舉牲體者多奏樂是舉牲奏樂多相仍也故左傳云爾然諸經之文舉自舉奏自奏如膳夫職亦唯曰以樂侑食而不曰舉又大司樂職曰王大食三侑皆令奏鐘鼓亦不曰舉可以見已且以舉爲舉樂則曲禮祭統不與膳夫職合於是知漢儒精禮後世不能及焉居必遷坐居者燕居也燕

居必不沿齋時之坐。所以重齋也。所以不言齋遷坐者。齋以立爲主故也。又按所謂葷者世多以五辛當之。非矣。五辛之名。出于浮屠。爾後醫家道家亦有之。亦倣浮屠者。已。玉藻曰。膳於君有葷桃茢。於大夫去茢。於士去葷。鄭註云。膳美食也。葷桃茢。辟凶邪也。大夫用葷桃。士桃而已。葷薑及辛菜也。茢菼帚也。葷或作焄。士相見禮之記。膳葷請退可也。註。膳葷謂食之葷辛物。葱薤之屬。古文葷作薰。此葷辟惡之物。凡芬芳之類。皆謂之葷。故或作焄。豈惡其穢乎。檀弓曰。喪有疾。食肉飲酒。必有艸木之滋焉。以爲姜桂之謂也。註增以香味。爲其疾不嗜食。通雅引此以爲葷。是矣。所以齋不茹葷不飲酒者。以其芬芳奪人意故也。何註連下不多食爲皆齋之事。而曰姜辛而不臭。故不去。非也。後人又據何註臭字。而疑齋忌臭穢。故不茹葷。殊不知臭字在古爲五臭總稱。其臭如蘭。可以見已。

其臭如蘭易繫辭

爾雅釋器

食饐而餲。孔安國曰。饐餲臭味變。釋器曰。食饐謂之餲。是饐餲無別。未知本文何故加而字也。朱註饐飯傷熱濕也。餲味變也。未知何據。魚餒而肉敗。肉謂牲肉。非謂魚之肉也。不時。鄭玄以爲非朝夕

食醫職周禮天官

日中時。非矣。朱註爲是。王制曰。五穀不時。果實未熟。不粥於市。故君子不食也。食醫職曰。食醫掌和王之六食六飲六膳百羞百醬八珍之齊。凡食齊眡春時。羹齊眡夏時。醬齊眡秋時。飲齊眡冬時。凡和。春多酸。夏多苦。秋多辛。冬多鹹。調以滑甘。凡會膳食之宜。牛宜稌。羊宜黍。豕宜稷。犬宜粱。雁宜麥。魚宜苽。凡君子之食恒放焉。疏曰。雖以王爲主。君子大夫已上亦依之。蓋天子敬天。故攝養其體。以共天職。君子大夫雖賤乎。其所以共天職乃不殊。故古有此禮。論語食饐以下。亦當以是意觀之。

不得其醬不食。馬融曰。魚膾非芥醬不食。此舉一例其餘已。內則曰。濡雞醢醬實蓼。濡魚卵醬實蓼。濡鼈醢醬實蓼。魚膾芥醬。麋腥醢醬。

肉雖多不使勝食氣。何晏無解。朱註以爲飯之氣。此甚似後世文辭。邢疏曰。氣小食也。是解氣爲餼。蓋邢昺時他古註尚存。而昺取其說耳。據其說則食爲食饗之食。餼爲餼牢之餼。言肉雖多不得過食餼之數也。古文辭當如此。王制曰。庶羞不踰牲。是其禮也。

惟酒無量。不及亂。按燕禮大射禮鄉射禮鄉飲酒

湛露詩小雅白華之什 有駜詩魯頌 賓之初筵詩小雅桑扈之什

禮。其終皆無筭爵。無筭樂。以至執燭。是古禮爲然。故湛露詩曰。厭厭夜飲。不醉無歸。有駜詩曰。鼓咽咽。醉言舞。于胥樂兮。鼓咽咽。醉言歸。于胥樂兮。賓之初筵曰。賓之初筵。温温其恭。其未醉止。威儀反反。曰既醉止。威儀幡幡。舍其坐遷。屢舞僊僊。其未醉止。威儀抑抑。曰既醉止。威儀怭怭。是曰既醉。不知其秩。賓既醉止。載號載呶。亂我籩豆。屢舞僛僛。是曰既醉。不知其郵。側弁之俄。屢舞傞傞。既醉而出。並受其福。醉而不出。是謂伐德。飲酒孔嘉。維其令儀。此以失威儀爲亂也。朱註引程子云云。莫道

葛覃詩周南
采蘋詩召南
谷風詩邶風
七月詩豳風
斯干詩小雅祈父之什
周禮天官內宰

學先生哉豈謂以獨飲言邪

沽酒市脯不食王制曰衣服飲食不粥於市此君子所以不食先王之道爲爾至於其所以然之故則葛覃詩曰葛之覃兮施于中谷維葉莫莫是刈是濩爲絺爲綌服之無斁采蘋詩曰于以奠之宗室牖下誰其尸之有齊季女谷風詩曰我有旨蓄亦以御冬七月詩曰八月載績載玄載黃我朱孔陽爲公子裳斯干詩曰乃生女子載寢之地載衣之裼載弄之瓦無非無儀唯酒食是議易家人曰在中饋貞吉周禮王后六宮皆事蠶織王食各有

艷妻以下四句亦據詩解

沽之哉子罕篇

其官至於士庶則衣服出於宮飲食出其厨皆婦女之事也此制壞而艷妻煽方處休其蠶績不績其麻市也婆娑然後衣服飲食有粥於市者故先王禁之君子之不食恐犯先王之制也朱子乃曰恐不精潔或傷人也可謂不知而爲之解已夫衣服飲食不粥於市先王之仁也沽酒市脯不食知其解者亦可以依於仁矣不知其解者徒使人養其奢侈之心噫又按沽邢訓賣是矣沽之哉亦訓賣朱子訓買非矣何則賣酒不食則不買也買酒不食則人買酒飲我豈可不飲乎亦非禮意也

文王嗜昌歜未考曾晳嗜羊棗孟子

子夕嗜芰楚語

禮記祭義曰齊之日思其所嗜

不撤薑食。何註以爲蒙齋文。然齋豈飲酒。故朱註爲勝。然朱子引本草姜通神明。鑿矣。仁齋先生以爲姜辟邪惡食中要品。故與不得其醬不食同。然食撤而獨留薑。豈其然。蓋孔子嗜薑。如文王嗜昌歜。曾晳嗜羊棗。人之性所不免也。故孔子亦有所嗜。然不多食。所以爲君子是而已矣。自後世儒者論尚苛刻。乃始諱有所嗜。以爲欲也。豈人情乎。如子夕嗜芰。子木撤之。而柳宗元作非國語。引君子之齋思其所嗜之義。豈不然乎。故不多食。連上爲是。何朱皆不連上。作一切之解。果其說之是乎。則當在不得其醬不食之下。

祭肉不出三日出三日不食之矣。此傳論語者以解上句。而後來傳寫。誤入正文。觀矣字可以見已。且但曰祭肉。何以知其爲家祭肉乎。蓋泛言之辭。故鄭玄曰。自其家祭肉。過三日不食。是褻鬼神之餘。其意謂自其家祭肉而外。以至鄉里所饋。皆不出三日。祇祭於公者較急耳。此所以援以解上句也。上曰祭於公。而此但曰祭肉。不復識別。其辭不相應。故知其爲註解也。朱子不知古文辭。其爲儱侗解亦宜。

食不語寢不言邢疏答述曰語直言曰言朱註因之邢釋其義曰食不可語語則口中可憎猶之可矣寢息宜靜故不言也人皆然何必君子已哉然若有事雖臥豈不言乎當食而人與之言豈容不答述乎朱註引范氏作主一無適解是聖人爲道遠人也楊氏作養生解窘哉皆不知而爲之解者也蓋語者誨言也如樂語合語之語古者飲食之禮如養老有乞言合語然當食之時不語食訖乃語所以尊道也故君子平日亦依其禮當食不誨言也寢者內寢也言者言政事也如高宗三年不

樂語合語已見

高宗三年不言憲問篇

其言足以興中庸

言。國有道其言足以興。國無道其默足以容。皆以言政事爲言。內寢不言政事。所以敬天職也。又如雜記曰。三年之喪。言而不語。對而不問。可見語非答述也。然是古言也。非孔子之時言也。琴張引古言。以見孔子行之已。

雖疏食菜羹瓜。絕句。祭必齊如也。絕句。孔安國曰。齊嚴敬貌。三物雖薄。祭之必敬。此祭字。非祭祖先也。祭上世始爲飲食者也。舉瓜。包也。果已。玉藻曰。瓜祭上環。又曰。唯水漿不祭。若祭爲已偞卑。朱子從陸氏瓜作必。非矣。陸氏所見魯論。必寫誤耳。孔安國魯人。豈不讀魯論乎。蓋食必祭。古人之常。何必記。下文曰。有盛饌。必變色而作。此嫌於盛膳疏食。敬有降差。故記其意專在齊如也耳。

席不正不坐鄉人飲酒杖者出斯出矣

【古】孔安國曰杖者老人也鄉人飲酒之禮主於老者老者禮畢出孔子從而後出

【新】謝氏曰聖人心安於正故於位之不正者雖小不處」杖者老人也六十杖於鄉未出不敢先既出不敢後

【古義】謝氏曰聖人之心安於正故於位之不正者雖小不處」杖者老人也六十杖於鄉未出不敢先既出不敢後其敬長如此

【徵】席不正不坐。是恐齋時之禮。或錯簡。或脫字耳。

司儀職周禮秋官

何則。下文明言君賜食必正席先嘗之。是亦有席不正之時也。且在宗廟朝廷。則豈有席不正者乎。燕居不容。豈必正其席乎。適他人而席不正不坐。則君子難爲人。豈有此事乎。故恐是齋時之禮耳。且司儀職曰。凡行人之儀。不朝不夕。不正其主面。亦不背客。則禮不正其席者。亦必有之。謝氏曰。聖人心安於正。可謂任其臆而語聖人已。

鄉人飲酒。杖者出斯出矣。鄉飲酒之禮。所以明長幼之序也。故唯杖者是視。

鄉人儺朝服而立於阼階

新註自鄉人飲酒至此爲一節

古 孔安國曰儺驅逐疫鬼恐驚先祖故朝服而立於廟之阼階

新 儺所以逐疫周禮方相氏掌之阼階東階也儺雖古禮而近於戲亦必朝服而臨之者無所不用其誠敬也或曰恐其驚先祖五祀之神欲其依己而安也○此一節記孔子居鄉之事

古義 儺所以驅逐疫鬼雖近於戲然古禮所沿孔子本不欲違俗且鄉人行之故朝服立于主人位加敬於鄉人禮記有安室神之說蓋漢儒依孔子而附會也

徵 鄉人儺朝服而立於阼階蓋古禮爲爾故孔子行之而其禮之義不可得而知之矣孔安國曰恐驚先祖也郊特牲曰鄉人裼孔子朝服立于阼存室神也鄭註云裼強鬼也謂時儺索室毆疫逐強鬼也裼或爲獻或爲儺音曰裼音傷儺或作儺蓋本

諸。朱註儺雖古禮而近於戲亦必朝服而臨之者。無所不用其誠敬也。妄哉。是其意謂先王之禮有不合孔子之心者。宋儒持敬。乃不合其心爾。雜記曰。子貢觀於蜡。孔子曰。賜也樂乎。對曰。一國之人皆若狂。賜未知其樂也。子曰。百日之蜡。一日之澤。非爾所知也。張而不弛。文武弗能也。弛而不張。文武弗爲也。一張一弛。文武之道也。苟識此義。則莫怪儺之近乎戲也。

問人於他邦再拜而送之

古 孔安國曰拜送使者敬也

問事詳于儀禮聘禮邢疏曰問猶遺也謂因問有物遺之也曲禮云凡以弓劍苞苴簞笥問人者操以受命如使之容

新 拜送使者如親見之敬也

古義 再拜而送之非拜使者敬所問之人也○宋楊簡嘗作書與人書揚其再拜附之僕既發忽自思不親拜而書拜是僞也急呼僕追置書案上設拜而後遣暗合于孔子拜送使者之意學者有若此忠信而後可以言學不則高談性命無益

徵 問人於他邦再拜而送之問遺也聘禮有問禮之重者也故再拜而送之朱註問無解但謂如親見之敬也豈謂訪問邪若徒如親見之敬已矣則斯邦他邦何別觀他邦之文則爲聘禮之問者審矣宋儒不知禮故懵憧焉乎爾

康子饋藥拜而受之曰丘未達不敢嘗

新註自開人至此爲一節

醫師職周禮天官

古包氏曰饋孔子藥孔安國曰未知其故故不敢嘗禮也

新范氏曰凡賜食必嘗以拜藥未達則不敢嘗受而不飲則虛人之賜故告之如此然則可飲而飲不可飲而不飲皆在其中矣楊氏曰大夫有賜拜而受之禮也未達不敢嘗謹疾也必告之直也○此一節記孔子與人交之誠意

古義大夫之賜禮當嘗其不嘗者愼疾也以實告者不匿其情也

徵康子饋藥拜而受之曰丘未達不敢嘗孔安國曰未知其故故不敢嘗禮也古人解古文辭可謂盡之矣祇其辭簡奧讀者未易解也故故實也謂禮也未知其故故不敢嘗是解孔子之言也禮也者言孔子所以言者禮也醫師職曰醫師掌醫之

左傳襄二十三年

記曰禮記曲禮

政令聚毒藥以共醫事。是古之藥多毒藥。故鄭註曰。藥之物。恒多毒。說命曰。藥弗瞑眩。其疾弗瘳。左氏傳曰。美疢不如惡石。皆謂其毒也。故古者無饋藥之禮。以其毒也。愼之也。故記曰。醫不三世。不服其藥。醫師職又曰。凡邦之有疾病者。疕瘍者造焉。則使醫分而治之。豈毒而饋之乎。故饋毒於人而令死。古者謂之饋藥焉。是所以無饋藥之禮也。孔子時。禮失俗變。貴人聞疾。或饋之藥。時人亦必嘗之。依賜食之禮也。皆非禮也。康子饋藥。孔子以爲非禮。而卻之不恭也。不恭亦非禮也。故曰丘未達也。言必有是禮。然丘未之聞也。故時人雖嘗而不敢嘗焉。不斥其非禮。而謙以己之未學。旣不傷其心。亦不踐非禮。故孔安國曰禮也。贊孔子也。宋儒不知之。而曰禮也。謹疾也。直也。豈不妄哉。且范氏曰。受而不飮。是解嘗爲飮。可謂不知字已。如下文。君賜食。必正席先嘗之。皆謂食其少許。如嘗試然。故曰先也。飮食有節。烏知君之賜不在我食時也。豈能食而盡之哉。故對使而先嘗少許。以示不虛君之賜。然後聚親戚以共食之。以榮其賜。禮必有之矣。故曰先嘗。此嘗亦然。雖時人豈必服其藥乎。

亦對其使而嘗少許。以示不虛其賜已。

廄焚。子退朝。曰傷人乎。不問馬。

古 鄭玄曰。重人賤畜。退朝自魯君之朝來歸。

新 非不愛馬。然恐傷人之意多。故未暇問。蓋貴人賤畜。理當如此。

古義 廄。孔子家廄也。張氏栻曰。仁民愛物。固有間。方退朝初聞之時。惟恐人之傷。故未暇及馬。巨右記孔子平生居家之雜儀。

古義自席不正至不問馬爲一節

徵 曰傷人乎。不問馬。朱註。貴人賤畜。是誠然也。且家人及鄰里救火者。必焦其額。爛其膚者有之矣。故曰傷人乎。救火者豈徒救廄而不救馬乎。故不必問。然子張曰。陳文子有馬十乘。數馬以稱富。則

子張曰公治長篇

它人或有問馬而不問人者。故門人記之爾。

君賜食必正席先嘗之君賜腥必熟而薦之君賜生必畜之侍食於君君祭先飯

【古】孔安國曰敬君惠也既嘗之乃以頒賜孔安國曰薦其先祖也鄭玄曰於君祭則先飯矣若爲君嘗食然

【新】食恐或餕餘故不以薦正席先嘗如對君也言先嘗則餘當以頒賜矣腥生肉熟而薦之祖考榮君賜也畜之者仁君之惠無故不敢殺也周禮王日一舉膳夫授祭品嘗食王乃食故侍食者君祭則已不祭而先飯若爲君嘗食然不敢當客禮也

【古義】朱氏曰食恐或餕餘故不以薦正席先嘗如對君也言先嘗則餘當以頒賜矣腥生肉熟而薦之祖考榮君賜也畜之者仁君之惠無故不敢殺也禮賜之食而君客之則命之祭而後祭今祭而

孟子梁惠王篇
無故不殺禮記
玉藻

先飯以似君之客已故若爲君嘗食然

【徵】君賜生必畜之畜以爲牲也何則甞上賜食之文其非犬馬審矣且謂之生者對腥之言也有牲曰祭無牲曰薦牲必擧牲體非特殺不可矣故賜腥而薦之以其不可以祭也故止薦之邪疏必畜養之以待祭祀之用也得之矣註畜之者仁君之惠孟子觳觫佛氏慈悲浹其沛膓哉無故不殺者謂非祭與賓客也用牲者重禮也戒非重禮而殺也豈語其仁哉

侍食於君君祭先飯玉藻曰若賜之食而君客之

則命之祭然後祭。謂雖君以客禮待。然必命祭而後祭否則不祭也。又曰。先飯。辯嘗羞飲而俟。辯音徧。此正與論語同。先飯徧嘗羞飲者先飯也。俟者。俟君之祭畢也。雖先飯而少嘗之耳。必竢君之祭畢而食而後食也。又曰。若有嘗羞者。則俟君之食然後食飯飲而俟。此謂別有嘗羞者。則已不敢嘗必俟君之食然後食。飯飲而俟者。註曰。飯飲利將食也。疏曰。利喉以俟君也。蓋謂不敢越次忩食必利喉以俟君之食也。少儀曰。燕侍食於君子。則先飯而後已。亦與論語同。已者卽玉藻之俟也。

疾君視之東首加朝服拖紳

古 包氏曰夫子疾處南牖之下東首加其朝服拖紳紳大帶不敢不衣朝服見君

新 東首以受生氣也病卧不能著衣束帶又不可以褻服見君故加朝服於身又引大帶於上也

古義 禮寢當東首然常時或隨意卧故及君視疾東首也紳大帶也病時不能著衣束帶故加朝服於身又引大帶於上也

徵 疾君視之東首包咸曰夫子疾處南牖之下東首是必古來相傳之說何則南牖之下本文所無也邢疏曰病者常居北牖下為君來視則暫時遷鄉南牖下東首令君得南面而視之是亦解包咸南牖之下耳東首終無解朱註曰東首以受生氣

也。果其説之是乎。則雖君不視當爾。受生氣何關君視乎。按玉藻曰。君子之居恒當戶。註。鄉明。又曰。寢恒東首。註。首生氣。是寢必東首者禮也。君來視之。故正其禮。非關疾也。而寢之所以必東首者。鄭玄解其義而曰。首生氣也。未知其説當否。朱子剟以入論語註。以傳會疾欲生之意。可謂妄已。蓋古人室制。戶在東南。寢恒東首者。亦與居恒當戶同義。皆取鄉明也。所謂首生氣者。漢儒好言五行之失也。

君命召不俟駕行矣

新註自君賜食至此爲一節

古義自君賜食至每事問爲一節

古鄭玄曰急趨君命行出而車駕隨之

新急趨君命行出而駕車隨之○此一節記孔子事君之禮

古義急趨君命行出而駕車隨之

徵君命召。不俟駕行矣。玉藻曰。凡君召以三節。二節以走。一節以趨。在官不俟屨。在外不俟車。是也。

入大廟每事問

古無註

新重出

古義此篇本係夫子平生之行事故此一節前雖甞備記之於是又錄之非重出右記孔子受君賜及事君之禮

徵無說

朋友死無所歸曰於我殯

古孔安國曰重朋友之恩無所歸言無親暱

新朋友以義合死無所歸不得不殯

古義聖人之待朋友與至親無異

徵朋友死無所歸○謂朋自遠方來者也○斯邦之人○必有親戚也○古人必歸葬其鄉○觀於檀弓曰○太公封於營丘○比及五世○皆反葬於周○君子曰○樂樂其所自生○禮不忘其本○古之人有言○曰狐死正丘首○仁也○獨美太公者○以其既封營丘○不必歸葬可也○

季子葬子嬴博亦據檀弓

新註自朋友死至此爲一節

古義同新註

季子葬其子于嬴博間。亦以異於人表之也。故此不曰葬而曰殯也。檀弓又曰。賓客至無所館。夫子曰。生於我乎館。死於我乎殯。其爲它邦人者審矣。

朋友之饋。雖車馬。非祭肉。不拜。

古 孔安國曰。不拜者。有通財之義。

新 朋友有通財之義。故雖車馬之重不拜。祭肉則拜者。敬其祖考。同於己親也。○此一節記孔子交朋友之義。

古義 朋友有通財之義。故不拜。祭肉則拜者。尊神惠也。右記孔子交朋友之義。

徵 朋友之饋。雖車馬。非祭肉。不拜。朱註。敬其祖考。同於己親也。非矣。敬神也。何則。雖妻祭必拜也。祭

必惟祖考已哉

寢不尸居不容

【古】包氏曰偃卧四體布展手足似死人○孔安國曰爲家室之敬難久

【新】尸謂偃卧似死人也居居家容容儀范氏曰寢不尸非惡其類於死也惰慢之氣不設於身體雖舒布其四體而亦未嘗肆耳居不容非惰也但不若奉祭祀見賓客而已申申夭夭是也

【古義】尸謂偃卧似死人也居私居寢不尸惡其惰也居不容嫌矜持大過也右記孔子平生之容

【徵】寢不尸○居不容○包咸曰○偃卧四體○布展手足○似死人○是不知而爲之解者也○言在内寢坐○不必如尸也○曲禮曰○坐如尸○鄭註○視貌正○正與居不容一類○故此連言耳○包咸以來○解寢爲卧○古書固有之○

然此臥之容也。既曰居不容。居既不容。臥豈有容乎。故知其誤也。居不容。孔安國曰。爲室家之敬難久。可謂善解已。勝朱註萬萬。何則。道不遠人。聖人之道。不强人以其所難久也。且朱註曰。居居家。非也。仲尼閒居。今文作仲尼居。居卽閒居也。何必加家字。且居家亦有祭祀賓客之事。豈不容乎。

見齊衰者雖狎必變。見冕者與瞽者雖褻必以貌。凶服者式之。式負版者。有盛饌必變色而作。迅雷風烈必變。

古 孔安國曰。狎者素親狎。周生烈曰。褻謂數相見必當以禮貌之。孔安國曰。凶服。送死之衣物。負版

新註自寢不尸至此爲一節

者持邦國之圖籍孔安國曰作起也敬主人之親饋鄭玄曰敬天之怒風疾雷爲烈

【新】狎謂素親狎褻謂燕見貌謂禮貌餘見前篇式車前橫木有所敬則俯而憑之負版持邦國圖籍者式此二者哀有喪重民數也人惟萬物之靈而王者之所天也故周禮獻民數於王王拜受之況其下者敢不敬乎敬主人之禮非以其饌也迅疾也烈猛也必變者所以敬天之怒記曰若有疾風迅雷甚雨則必變雖夜必興衣服冠而坐○此一節記孔子容貌之變

【古義】狎謂素親褻謂數相見貌禮貌也此亦門人記之以見于此篇非重出式車前橫木有所敬則人俯而憑之負版持邦國圖籍者式此二者哀有喪重民數也孔氏曰作起也敬主人之厚禮也迅急疾也烈猛也雷者陰陽之氣激爲天之怒風烈亦非常之變故孔子必變容以敬之蓋恐事天之誠也右記孔子容貌之變

【徵】雖狎必變孔安國曰狎者素親狎雖褻必以貌

周禮獻民秋官司民

周氏曰褻謂數相見是狎褻何別朱註褻謂燕見爲是如褻衣之褻可以見已

式負版者此註誤入正文不爾張公合三論時註異文者當時必朱墨別書後世混之也何則負版在凶服豈別物乎何註孔安國曰凶服送死之衣物負版者持邦國之圖籍是負版以下何晏不知而强爲之解也凶服與吉服對卽喪服也户籍曰版出周禮小宰職然謂持版籍者爲負版豈有之乎周禮獻民數於王王拜受之以民者君之天也君之職當然爲下傚之僭也豈有之乎且途遇負

易下彖傳

易經震

版籍者。何以識而式之乎。

迅雷風烈必變。玉藻曰。若有疾風迅雷甚雨。則必變。雖夜必興。衣服冠而坐。鄭玄曰。敬天之怒。朱註因之。然以雷爲天怒者。古未之聞也。大象傳曰。洊雷震。君子以恐懼脩省。是君子象洊雷也。言其奮作也。非懼雷也。雷果天之怒乎。易曰。雷驚百里。不喪匕鬯。豈不爲抗天乎。說卦曰。帝出乎震。孔子閒居曰。地載神氣。神氣風霆。風霆流形。庶物露生。皆言神之行也。君子所以敬者。值神之行也。夫天生萬物。上天之載。雷始發聲。天之仁也。豈可以爲怒乎。月令曰。先雷三日。奮木鐸以令兆民曰。雷將發聲。有不戒其容止者。生子不備。必有凶災。疏曰小人不畏天威。懈慢褻瀆。或至夫婦交接。君子制法。不可指斥言之。故曰有不戒其容止者。是其義也。

升車必正立執綏車中不內顧不疾言不親指

古 周生烈曰必正立執綏所以爲安包氏曰車中不內顧者前視不過衡軛傍視不過輢轂

新 綏挽以上車之索也范氏曰正立執綏則心體無不正而誠意肅恭矣蓋君子莊敬無所不在升車則見於此也內顧回視也禮曰顧不過轂三者皆失容且惑人○此一節記孔子升車之容

古義 綏上車之索也正立執綏所以戒顛仆也內顧回視也禮曰顧不過轂三者皆失容且惑人右記孔子升車之容

【徵】車中不內顧不疾言不親指曲禮曰國君不乘奇車車上不廣欬不妄指立視五嶲式視馬尾顧不過轂與此正同又曰登城不指城上不呼頗相似也

色斯舉矣翔而後集曰山梁雌雉時哉時哉子路共之三嗅而作

【古】馬融曰見顏色不善則去之周生烈曰迴翔審觀而後下止言山梁雌雉得其時而人不得其時故歎之子路以其時物故共具之非本意不苟食故三嗅而作作起也

【新】言鳥見人之顏色不善則飛去回翔審視而後下止人之見幾而作審擇所處亦當如此然此上下必有闕文矣邢氏曰梁橋也時哉言雉之飲啄得其時子路不達以爲時物而共具之孔子不食

共訓拱大全董氏說

三嗅其氣而起晁氏曰石經嗅作戞謂雉鳴也劉聘君曰嗅當作狊古闃反張兩翅也見爾雅愚按如後兩說則共字當爲拱執之義然此必有闕文不可彊爲之說姑記所聞以俟知者

古義 言鳥見人之顔色不善則飛去回翔審視而後下止吳氏澄曰下文山梁雌雉四字當在色斯舉矣上梁橋也時哉言雉之舉集得其時也共與衆星共之之共同向也嗅晁氏曰石經作戞謂雉鳴也吳氏曰嗅當作歎字亦篆文之誤也此夫子見雉之色舉翔集因指顧之以示從者子路共之終鳴而作亦有君子見幾而作之意門人以其事深合于聖人之意故詳記其本末云此一人條與前所記不相類似不可入于此篇豈門人以夫子出遊之間觀物有感而附記於此歟

徵 色斯舉矣翔而後集逸詩也曰以下解詩之言引孔子之事以解之韓詩外傳多此類不可疑矣共訓拱爲是衆星共之可以徵已朱子訓拱執非

衆星共之爲政篇

矣。嗅劉説爲是。爾雅可以徵已舊註泥鄉黨必記孔子之行。又眼不識古書。故以爲有闕文。不學之失也。

論語徵集覽卷之十　終

論語徵集覽卷之十一

魏　何晏　集解

宋　朱熹　集註

大日本　藤維楨　古義

物茂卿　徵

從四位侍從源賴寬　輯

先進第十一

新此篇多評弟子賢否凡二十五章胡氏曰此篇記閔子騫言行者四而其一直稱閔子疑閔氏門人所記也

子曰先進於禮樂野人也後進於禮樂君子也如用

之則吾從先進

【古】孔安國曰先進後進謂仕先後輩也禮樂因世損益後進與禮樂俱得時之中斯君子矣先進有古風斯野人也」將移風易俗歸之淳素先進猶近古風故從之

【新】先進後進猶言前輩後輩野人謂郊外之民君子謂賢士大夫也程子曰先進於禮樂文質得宜今反謂之質朴而以為野人後進於禮樂文過其質今反謂之彬彬而以為君子蓋周末文勝故時人之言如此不自知其過於文也」用之謂用禮樂孔子既述時人之言又自言其如此蓋欲損過以就中也

【古義】先進後進猶言前輩後輩野人謂郊外之民君子謂賢士大夫也此夫子據時人之意而述之也」用之謂用禮樂也」周末文勝時人專知崇文而不知尚實故以先進之禮樂謂之野人不知其本出於實以後進之禮樂謂之君子亦不知其既過於華夫子之言亦與其不遜也寧固之意蓋雖爲

當時言之然實萬世不易之定法也」論曰世道之升降雖細所關甚大矣故夫子於風俗變革每深寄慨歎焉學者所當詳之也由是觀之世所傳逸禮戴記等書頗傷繁縟且有與論孟不合者謂之有先王之遺意則可謂之先進之禮則未可也

徵 先進後進。孔安國曰。謂仕先後輩也。朱子刪仕字。非矣。蓋是進士之進。王制曰。命鄉論秀士。升之司徒。曰選士。司徒論選士之秀者而升之學。曰俊士。升於司徒者不征於鄉。升於學者不征於司徒。曰造士。大樂正論造士之秀者。以告于王而升諸司馬。曰進士。司馬辨論官材。論進士之賢者。以告于王而定其論。論定然後官之。任官然後爵之。位

中庸曰非天子不議禮不制度不考文今天下車同軌書同文行同倫雖有其位苟無其德不敢作禮樂焉雖有其德苟無其位亦不敢作禮

定然後祿之。是士之由鄉黨升于官。謂之進。仕字豈可刪乎。先進於禮樂。野人也。後進於禮樂。君子也。是時人或先輩之言。而孔子稱之。曾先輩如臧文仲。或有是言。朱註爲是。何註。禮樂因世損益。後進與禮樂俱。得時之中。斯君子矣。先進有古風。斯野人也。將移風易俗。歸之淳素。先進猶近古風。故從之。非矣。所謂禮樂因世損益者。開國君制作禮樂時事。今先進後進。皆以周人言之。夫禮開國君所定。孰敢損益。雖孔子亦謹奉之耳。中庸所言可見矣。而孔子欲以區區議論而移風易俗。豈有此

樂焉告顏子四代禮樂衛靈公篇

事乎。如告顏子四代禮樂。及戴記所載。頗有謂殷何如周何如者。乃以孔子時當制作之秋。故時或與門人私相論者有之。何晏不識其意。妄謂先進後進既已以已意肆損益周禮。而孔子又以不得其位而欲移風易俗。妄之甚者也。故朱註爲得之。但其引程子之言曰。周末文勝。故時人之言如此。不自知其過於文也。孔子既述時人之言。又自言其如此。蓋欲損過以就中也。是睹本文野人君子而合諸雍也篇質勝文則野文勝質則史文質彬彬然後君子者。以爲是說。殊不知質謂質行。文

晏子事見禮記檀弓

林放問禮本八佾篇

謂禮樂。凡言文質者皆爾。故彼以人之學禮樂成德者言之。此曰於禮樂。曰如用之。則以人之爲禮樂言之。蓋世人徒以禮樂爲美觀。而不知其義所在。務備其物、以侈其數。鮮麗其服飾。華美其器用。玉帛交錯。鐘鼓鏗鏘。耀其視聽。以相夸示。謂爲君子。至於先進之士。如晏子其國奢而示之以儉者。則賤以爲野人。故孔子曰。從先進。是與林放問禮本章其義相發也。後世儒者不知古言。以文質論之。大禮樂文也。文卽中也。豈有所謂文質者乎。

子曰從我於陳蔡者皆不及門也德行顔淵閔子騫

冉伯牛仲弓言語宰我子貢政事冉有季路文學子游子夏

【古】鄭玄曰言弟子從我而厄於陳蔡者皆不及仕進之門而失其所

【新】孔子嘗厄於陳蔡之閒弟子多從之者此時皆不在門故孔子思之蓋不忘其相從於患難之中也」弟子因孔子之言記此十人而并目其所長分爲四科孔子教人各因其材於此可見○程子曰四科乃從夫子於陳蔡者爾門人之賢者固不止此曾子傳道而不與焉故知十哲世俗論也

【古義】昔日弟子從孔子厄於陳蔡者或仕或死亡皆不在門故孔子憶當時相信之難得而歎之也」弟子因孔子之言記此十人而并目其所長分爲四科」論曰德行者聖學之全體兼言語政事文學三者豈可作一科言之哉而三者亦不本於德行則言語雖可聞徒辨而已矣政事雖可見徒法而已矣文學雖可取徒博而已矣不足以爲學也孟子稱冉牛閔子顏淵則具體而微而三子皆在德

行科則聖人之學者可知矣後世之論學或異乎此不知所謂學者果何事哉

徵不及門。鄭玄解。不及仕進之門。殊爲不通。蓋仕乃後字之誤。謂十哲不及後進之門也。朱子解。不在孔子之門。及字不穩。不可從矣。蓋上章後進必有所指。如臧文仲輩。而時人稱爲君子也。孔子不取。又言從我陳蔡者皆不及其門。然其人皆可用。故作論語者記顏淵以下以實之。不及門者。言後進君子皆既没。而顏淵輩生不同時。不及詣其門以受業也。

孔子不取臧文仲見公冶長衛靈公篇及左傳文公二年

唐以十哲從祀。誠失考。後世乃躋四配而公之。次

子雖齊聖不先父食見左傳文公二年
家語七十二第子解

十哲而侯之甚矣哉後王之驕其貴也僭矣哉後儒之驕其聖也以一人之見而泝乎千百歲之上以黜陟之傳其道守其教吾豈敢神穆乎不言而吾任意陟降之神若或言乎其謂之何古者朝廷尚爵鄉黨學校尚齒未有外是二者而爲之序矣以己意秩其德亦佛氏菩薩羅漢是傚己孔子坐門人侍皆以齒千載之下孰能易之夫子之神如在也且子雖齊聖不先父食思孟之於十哲子行也神其享乎今據家語子路少孔子九歲漆雕開十一歲仲弓冉求二十九歲顏淵三十歲子貢三

十一歲子游三十五歲有若原憲三十六歲子羔四十歲公西華四十二歲子夏四十四歲曾子四十六歲子張四十八歲子賤澹臺滅明四十九歲閔子五十歲史記乃謂有若少孔子十三歲閔子十五歲澹臺滅明三十九歲子游四十五歲徵諸論語顏淵季路侍是顏子長季路閔子侍側誾誾如也子路行行如也冉有子貢侃侃如也德行顏淵閔子騫是顏閔齒在子路之上子路曾皙冉有公西華侍坐政事冉有季路其它或子路在先或冉有在先當是子路曾皙冉有三人同年也諸子

史記仲尼弟子傳

顏淵季路侍公冶長篇閔子侍側本篇

子路曾皙冉有公西華侍坐同

諸子欲師事有若孟子滕文公

篇子游薦滅明雍也篇曾無君子公冶長篇

欲師事有若年齒當尊子游薦滅明且曰文學子游子夏是子游當長曾無君子者斯焉取斯是子賤當卑檀弓曰有子與子游立是有子長子游仲尼燕居曰子張子貢言游侍子貢越席而對是子張長子貢也今姿意更定顏子少孔子三十歲當是十三歲字倒顏路少孔子六歲當是長孔子六歲閔子亦字倒從史記爲是子路少九歲脫二十字有若史記爲是子張少四十八歲誤二爲四子游滅明家語爲是檀弓載曾子責子夏曰商女是齒當相若也

子曰回也非助我者也於吾言無所不說

【古】孔安國曰助益也言回聞言即解無發起增益於己

【新】助我若子夏之起予因疑問而有以相長也顏子於聖人之言默識心通無所疑問故夫子云然其辭若有憾焉其實乃深喜之○胡氏曰夫子之於回豈真以助我望之蓋聖人之謙德又以深贊顏氏云爾

【古義】助我若子夏之起予因疑問而有相長也此聖人得顏子而深喜之辭蓋顏子於夫子之道神會妙契不止若芻豢之悅口而終日所言無所違逆故夫子云然○夫聖人之言猶天地之大也高者知其高卑者知其卑若子路樊遲猶或疑或不悅況其他者乎唯顏子之賢爲能於夫子之言無所不說故凡讀論語者於夫子之言當反省其悅與否以自驗其所造之淺深也

【徵】人各有資質雖聖人不能強之○故因其材而篤

焉及其成也德以性殊故有六德九德之目材以性殊故有四科之目苟不殊何以官之天地無棄物明時無棄材器使之謂也故教之方苟不因其材而篤焉則與官人之道相反豈古道哉若回也非助我者也亦顏子爲人沈嘿其性然如孔子則微生畝識其爲佞不然也是其於吾言無所不説不與非助我者也相關已後儒乃言大聰明故如愚不知雖聖人亦性殊故也

子曰孝哉閔子騫人不閒於其父母昆弟之言

古 陳羣曰言子騫上事父母下順兄弟動靜盡善故人不得有非間之言

【新】胡氏曰父母兄弟稱其孝友人皆信之無異詞者蓋其孝友之實有以積於中而著於外故夫子歎而美之

【古義】間離間也按韓詩外傳閔子早喪母父再娶生二子其處於異母兄弟之間宜間言之所易入也而閔子誠孝惻怛有孚於人者故人亦不以異母兄弟之言間之於閔子孝之至也

【徵】孝哉閔子騫外人稱閔子之言也而孔子誦之人不間於其父母昆弟之言人謂外人也父母昆弟以爲孝外人亦以爲孝此所謂不非間也大氐父母昆弟內或相尤外必向人稱其善人之情爲然也故人多不信其父母昆弟相稱美之言唯閔子孝孚於邦故外人稱其孝而不非間其父母昆

弟之言也○仁齋以閒爲讒，亦不知孔子之於弟子○不容稱其字也○

南容三復白圭，孔子以其兄之子妻之。

【古】孔安國曰：詩云：白圭之玷，尚可磨也；斯言之玷，不可爲也。南容讀詩至此，三反復之，是其心愼言也。

【新】詩大雅抑之篇曰：白圭之玷，尚可磨也；斯言之玷，不可爲也。南容一日三復此言，事見家語，蓋深有意於謹言也。此邦有道所以不廢，邦無道所以免禍，故孔子以兄子妻之○范氏曰：言者行之表，行者言之實，未有易其言而能謹於行者。南容欲謹其言如此，則必能謹其行矣。

【古義】詩大雅云：白圭之玷，尚可磨也；斯言之玷，不可爲也。南容一日三次反復此言，有意謹言者也。孔門賢者不爲不多，而孔子以南容之謹言，妻之以其兄之女，何哉？夫言者君子之樞機，興戎出好

皆其所招進德修行亦其所致苟易其言則雖聰明才辨超出於人然難保其能修身飭行不陷於禍此夫子之所以取於南容也

抑詩大雅蕩之什

徵南容三復白圭。抑詩也。不言抑而言白圭。其所三復唯一章已。

季康子問弟子孰爲好學孔子對曰有顏回者好學不幸短命死矣今也則亡

古無注

新范氏曰哀公康子問同而對有詳畧者臣之告君不可不盡若康子者必待其能問乃告之此教誨之道也

古義詳見前篇哀公問章

徵 哀公康子問同而對有詳畧古之道也大戴禮虞戴德曰。子曰。丘於君。唯無言。言必盡。於他人則否。朱子曰。必待其能問乃告之。此教誨之道也。此誠然。然孔子行古之道者也。古之道是不問。一歸諸孔子。不知孔子者也。

顏淵死顏路請子之車以爲之椁子曰才不才亦各言其子也鯉也死有棺而無椁吾不徒行以爲之椁以吾從大夫之後不可徒行也

古 孔安國曰路淵父也家貧故欲請孔子之車賣以作椁」孔安國曰鯉孔子之子伯魚也孔子時爲大夫言從大夫之後不可以徒行謙辭也

【新】顏路淵之父名無繇少孔子六歲孔子始教而受學焉椁外棺也請爲椁欲賣車以買椁也」鯉孔子之子伯魚也先孔子卒言鯉之才雖不及顏淵然已與顏路以父視之則皆子也孔子時已致仕尚從大夫之列言後謙辭○胡氏曰孔子遇舊館人之喪嘗脫驂以賻之矣今乃不許顏路之請何耶葬可以無椁驂可以脫而復求大夫不可以徒行命車不可以與人而鬻諸市也且爲所識窮乏者得我而勉強以副其意豈誠心與直道哉或者以爲君子行禮視吾之有無而已夫君子之用財視義之可否豈獨視有無而已哉

【古義】孔氏曰路淵父也家貧欲請夫子之車賣以作椁」鯉孔子之子伯魚也孔子時已致仕尚從大夫之列故言後」顏路請車想非請其必不可請者而夫子之於顏子奚惜一車蓋喪可以稱家之有無而朝廷威等不可少損此夫子之所以不許其請也顏路之請夫子之不許一毫無所顧慮蓋師弟子間其誠心質行如此後世之所不見也

徵無說

顔淵死子曰噫天喪予天喪予

古 包氏曰「噫痛傷之聲」天喪予者若喪己也再言之者痛惜之甚

新 噫傷痛聲惜道無傳若天喪己也

古義 噫傷痛之聲此悼顔子死而歎學之將絶若天喪予也論曰自古王者之興天必與之賢佐聖賢之興天亦必生之羽翼兩者必有奇遇夫發聖人之蘊而萬世無窮者顔子其人也今而早死夫子之發嘆也宜矣嘗曰文王旣没文不在茲乎天之未喪斯文也匡人其如予何顔子之死實係于道之興廢而非惟厥躬之不幸故夫子同其歎顔子亦大矣哉

徵 天喪予。朱註悼道無傳。宋儒哉。夫聖人之興。必有毗輔。苟無毗輔。雖聖人何能以一人爲乎。故顔

公羊傳哀公十四年曰顏淵死子曰噫天喪予子路死子曰噫天祝予

子之死。天意可知。是所以傷也。不爾子路之死。天祝之嘆。其謂之何。何必謂公羊皆妄乎。

顏淵死子哭之慟從者曰子慟矣曰有慟乎非夫人之爲慟而誰爲

【古】馬融曰慟哀過也」孔安國曰不自知己之悲哀過

【新】慟哀過也」哀傷之至不自知也」夫人謂顏淵言其死可惜哭之宜慟非他人之比也○胡氏曰痛惜之至施當其可皆情性之正也

【古義】慟哀過也」哀傷之至不自知也」夫人謂顏淵」此夫子哭顏子不自覺其慟言其死可惜哭之宜慟非他人之比也」論曰宜哀而哀宜樂而樂皆人情之所不能已而雖聖人無以異于人故人情者聖人之所不廢也苟中其節則爲天下之達道不中其節則爲一人之私情求之人情而所不安者

聖人不爲也故滅情與縱情其爲罪也均矣大學書曰心不在焉視而不見聽而不聞食而不知其味宋儒繇此遂以聖人之心爲靜虚爲無欲爲明鏡止水而不知聖人之心以仁愛爲體禮義爲所爲天下萬世人倫之至也若以大學視之則夫子哭顔子不自覺其慟不免爲心不在焉故予嘗以大學爲非孔氏之遺書者爲此也

徵

無

說

顔淵死門人欲厚葬之子曰不可門人厚葬之子曰回也視予猶父也予不得視猶子也非我也夫二三子也

古

禮貧富有宜顔淵貧而門人欲厚葬之故不聽馬融曰言回自有父父意欲聽門人厚葬我不得割止非其厚葬故云耳

新 喪具稱家之有無貧而厚葬不循理也故夫子止之」蓋顏路聽之」歎不得如葬鯉之得宜以責門人也

古義 喪具稱家之有無貧而厚葬非禮也」此歎不得如葬鯉之得宜以責門人也言非我之所當爲亦猶夫二三子也蓋夫子自貶之辭」以上五章門人記之以見顏子默契夫子之道非他人比也蓋喪具稱家之有無禮與其奢也寧儉君子之愛人以德細人之愛人以財門人徒知愛顏子而不知所以愛顏子惜哉顏子門人猶不免於厚葬之非則後之行禮者其可不監哉

徵 非我也夫句絶二三子也句絶檀弓曰人豈有非之者哉非字正同言二三子鬧厚葬必咎孔子之不能止也二三子指門人在它邦者也蓋孔子自悔其不痛禁厚葬也或疑聖人宜無悔殊不知

悔之者哀之深也。人情之常也。舊註謂非我之罪也。顏子門人之罪也。大失孔子口氣。

季路問事鬼神子曰未能事人焉能事鬼曰敢問死曰未知生焉知死

【古】陳羣曰鬼神及死事難明語之無益故不答

【新】問事鬼神蓋求所以奉祭祀之意而死者人之所必有不可不知皆切問也然非誠敬足以事人則必不能事神非原始而知所以生則必不能反終而知所以死蓋幽明始終初無二理但學之有序不可躐等故夫子告之如此○程子曰晝夜者死生之道也知生之道則知死之道盡事人之道則盡事鬼之道死生人鬼一而二二而一者也或言夫子不告子路不知此乃所以深告之也

【古義】問事鬼神者疑祭祀得饗與否也夫子抑之使專盡事人之道也子路未達故又問死以爲人

死而爲鬼若死而無知則祭祀無益夫子又抑之使專務知生之道也生者謂生存之道也此言能事人則得事鬼能知生則得知死其意蓋若曰務事人而勿諂鬼神盡生存之道而勿求死之理也夫子抑之深矣蓋仁者務用力於人道之所宜而智者不求知其所難知苟用力於人道之宜而又能盡生存之道則人倫之矣家道成矣於學問之道盡矣何謂生存之道凡人上有父母下有妻子而身之成敗家之存亡事固百端能識其不可不務而戒謹恐懼勿敢荒廢則謂之知生也」論曰夫子於鬼神之理未嘗明說及乎答樊遲子路略露其意而於死生之說終未嘗之言蓋非不言之本非所以爲教故不言也此夫子之所以度越群聖而爲萬世生民之宗師也記禮之書屢載夫子論鬼神之言繫詞又曰原始反終故知死生之說可知皆非聖人之言也

嘗曰爲政篇

徵 事鬼神之道。孔子何嘗不言。嘗曰生事之以禮。死葬之以禮。祭之以禮。是也。至於子路問事鬼神。

禮記祭義曰宰我曰吾聞鬼神之名不知其所謂子曰氣也者神之盛也魄也者鬼之盛也合鬼與神教之至也

大傳易繫辭

孔子所以不告者。蓋子路之心在知鬼神。故曰。未能事人。焉能事鬼。所以抑之也。子路果問死。孔子曰。未知生。焉知死。蓋死者不可言者也。夫人之知。有至焉。有不至焉。孔子未死。子路未死。叚使孔子言之。不能俾子路信。子路亦不能信。是無益之事也。故孔子不言焉。然人之知有至焉有不至焉。它日宰我問之。則言之。易大傳又曰。原始反終。故知死生之說。精氣爲物。游魂爲變。是故知鬼神之情狀。且聖人不知鬼神。不知死。則安能制作。故曰。未知生。焉知死。言知生則知至焉。宋儒紛紛欲以理明之其説終歸無鬼矣務騰口舌之失也仁齋輩又因此而疑繫辭詆三代聖人可不謂妄乎且其言曰鬼神非所以爲教也夫聖人以神道設教鬼神豈非所以爲教乎葢其人亦以騰口舌爲教故有此言陋矣哉

神道設教易上彖大觀

閔子侍側誾誾如也子路行行如也冉有子貢侃侃如也子樂若由也不得其死然

【古】鄭玄曰樂各盡其性行行剛強之貌孔安國曰不得以壽終

【新】行行剛強之貌子樂者樂得英材而教育之尹氏曰子路剛強有不得其死之理故因以戒之其後子路卒死於衞孔悝之難洪氏曰漢書引此句上有曰字或云上文樂字卽曰字之誤

羿奡不得其死然　憲問篇

古義 行行剛強之貌子樂者樂得英才而教育之子路剛強無含蓄氣象故有不得其死之理○洪氏曰漢書引此句上有曰字闇闇和也行行剛也侃侃直也夫子之於門弟子道並行而不相悖各因其材而成之於是可見矣但如子路之行行非聖門中和之氣象故因以戒之○夫子嘗有才難之歎蓋朝廷之治學問之傳必得藉英才以振其頹綱尋其墜緒而四子之賢皆任道之器有待之材有慰乎夫子欲反唐虞三代之盛之意故樂焉

徵 不得其死然邪曷曰○然猶焉也○得之○羿奡不得其死然○可以徵已○

魯人爲長府閔子騫曰仍舊貫如之何何必改作子曰夫人不言言必有中

古 鄭玄曰長府藏名也藏財貨曰府仍因也貫事也因舊事則可也何乃復更改作○王肅曰言必有

中者善其不欲勞民改作

【新】長府藏名藏貨財曰府爲蓋改作之」仍因也貫事也王氏曰改作勞民傷財在於得已則不如仍舊貫之善」言不妄發發必當理惟有德者能之

【古義】長府藏名藏貨財曰府」仍因也貫事也改作府藏意必有可已而不已者故閔子以是諷之」夫子蓋善其不欲勞民改作也」言貴乎中而不貴乎華其中者不妄發妄發則不必中改作長府不見經傳未必不由閔子一言之助也夫言激而發露者能竦人之聽然必有弊溫而含蓄者雖未遽竦人之聽然人不能不服故言不患不激而患不溫閔子之氣象可想見矣

【徵】貫事也。釋詁文。史漢謂舊例爲故事。舊貫亦謂舊例也。魯人爲長府。其詳不可知矣。蓋財貨之入。有倍常年。而府不能容也。故魯人别作長府。舊例

仲尼曰左傳定公十五年 動容周旋中禮孟子盡心篇 言中倫四句微子篇

必別有錯置而不必作府故閔子云爾其後益有穴而人皆悔作長府故孔子曰有中後人解爲中理非也如左傳載子貢懸斷魯定邾隱之死亡而仲尼曰賜不幸言而中是也皆謂其言有驗也如射中正鵠亦發於此而中於彼也如動容周旋中禮亦暗合於先王之禮也如言中倫行中慮身中清廢中權亦古聖人之道有倫有慮有清有權而其所爲暗合也如刑罰中亦謂古典也理在我思而得之豈得謂中乎是皆坐不知古言已

子曰由之瑟奚爲於丘之門門人不敬子路子曰由

也升堂矣未入於室也

古 馬融曰子路鼓瑟不合雅頌」馬融曰升我堂矣未入於室耳門人不解謂孔子言爲賤子路故復解之

新 程子曰言其聲之不和與己不同也家語云子路鼓瑟有北鄙殺伐之聲蓋其氣質剛勇而不足於中和故其發於聲者如此」門人以夫子之言遂不敬子路故夫子釋之升堂入室喻入道之次第言子路之學已造乎正大高明之域特未深入精微之奧耳未可以一事之失而遽忽之也

古義 子路氣質剛勇不足乎中和故其發於聲音者亦如此蓋惡其不類聖門之氣象」門人以夫子之言遂不敬子路故夫子以此解之言不可以此忽之也升堂未入室喻子路之學雖造高明正大之地然未入從容自得之域也」夫子論人每因瑕索美就有過而求無過故編者並記此以示夫子之意夫聲音之失微矣然夫子遠聞而深警之則遊於聖人之門者可以想見其氣象也

家語辨樂解

善人不入於室本篇

徵 由之瑟奚爲於丘之門。家語云：子路鼓瑟，有北鄙殺伐之聲。中庸以北方之强爲子路之强，可想其爲人矣。子曰：由也升堂矣。於是乎益知後世變化氣質之說妄已。升堂入室，葢古言。朱註：已造乎正大高明之域，特未深入精微之奧耳，未可以一事之失而遽忽之也。叚使變化氣質果爲聖門之學，則豈足以爲一事之失乎？且正大高明精微之奧，徒以虛字形容之，而未詳言其何所指焉。仁齋懲理學而惡精微之奧，代以從容自得之域。善人不入於室，豈從容自得之謂乎？是皆不知而爲之解者也。益身通六藝。而其材足以爲大夫。是升堂者也。通禮樂之原。而知古聖人之心。是入室者也。夫身通六藝。德以性殊。雖殊乎皆足以長民。苟能長民。則謂之升堂。不亦宜乎。仁齋又曰。聲音之失微矣。旣曰氣質勇剛不足乎中和。則豈特聲音之失乎。可見逐文爲解者其言支已。

子貢問師與商也孰賢子曰師也過商也不及曰然則師愈與子曰過猶不及

【古】孔安國曰言俱不得中愈猶勝也

【新】子張才高意廣而好爲苟難故常過中子夏篤信謹守而規模狹隘故常不及愈猶勝也道以中

堂堂乎張可者與之共見子張篇

庸爲至賢智之過雖若勝於愚不肖之不及然其失中則一也○尹氏曰中庸之爲德也其至矣乎夫過與不及均也差之毫釐繆以千里故聖人之教抑其過引其不及歸於中道而已

古義 朱氏曰子張才高意廣而好爲苟難故常過中子夏篤信謹守而規摸狹隘故常不及」愈猶勝也」人皆以過爲優不及爲劣故夫子告之如此蓋人以中行爲至二子之行雖有過不及然其失中行則一也」此以師商二子其品相等而其才相反故子貢爲問而夫子荅之如此中庸曰道之不行也我知之矣知者過之愚者不及也道之不明也我知之矣賢者過之不肖者不及也人徒知不及之爲不及而未知過之爲愚也若二子失於過與不及亦局於其氣質之偏而學問之功不有以勝之也

徵 師也過商也不及如堂堂乎張也可者與之其不可者拒之可以見已朱子曰道以中庸爲至中

庸豈以名道乎。

季氏富於周公，而求也爲之聚斂而附益之。子曰：非吾徒也，小子鳴鼓而攻之可也。

古孔安國曰：周公，天子之宰，卿士。孔安國曰：冉求爲季氏宰，爲之急賦稅。鄭玄曰：小子，門人也。鳴鼓聲其罪以責之。

新周公以王室至親，有大功，位冢宰，其富宜矣。季氏以諸侯之卿而富過之，非攘奪其君、刻剝其民，何以得此？冉有爲季氏宰，又爲之急賦稅以益其富，非吾徒，絕之也。小子鳴鼓而攻之，使門人聲其罪以責之也。聖人之惡黨惡而害民也如此。然師嚴而友親，故已絕之而猶使門人正之，又見其愛人之無已也。○范氏曰：冉有以政事之才，施於季氏，故爲不善至於如此。由其心術不明，不能反求諸身，而以仕爲急故也。

宣公稅畝左傳
宣公十五年

古義 周公王室至親位百官上其富宜矣今季氏以魯國之卿富過於周公而冉求又為季氏宰為之急賦斂以益其富也此不言季氏富於魯公而言富於周公者蓋記者微意也」小子鳴鼓而攻之使門人聲其罪以責之也」孟子曰無政事則財用不足夫國家之所以足財用者亦為民而已冉有以政事所稱其為季氏聚斂而附益處置調度當有其方未必如後世貪吏所為然季氏富於周公則為冉有者宜為之散粟施財以救其民為急而反附益之此夫子之所以深責之也夫損下以益上適所以損夫上也冉有之意本在於為季氏而不知所以為季氏不亦可惜乎

微 季氏富於周公。不言魯公而言周公者。以全魯言之也。當是時。三桓四分公室。而季氏有其二。則魯公豈足言乎。魯自宣公稅畝。而季氏之二。適與周公之富相當。而又大夫不具官。則季氏之富過於周公全魯之時矣。或曰周公非旦也，謂東西二周公也。以諸侯之卿而富過於天子之卿，亦通。季氏至附益之十七字亦孔子之言，故曰求也。子曰在中。古文辭宜若是乎爾。朱註：賍冉有至矣。仁齋先生曰。冉有以政事所稱，其爲季氏聚斂而附益。處置調度，當有其方。未必如後世貪吏所爲。然季氏富於周公，則爲冉有者宜爲之散粟施財以救其民爲急，而反附益之。此夫子之所以深責之也。夫損下以益上，適所以損夫上也。冉有之意本在於爲季氏，而不知所以爲季氏。不亦可惜乎。可謂

子曰雍也篇
子路曰子路篇
孔子曰季氏篇

善解論語已然猶有言焉蓋唐宋以後世無政事之才矣世之言政事者知而無不言爲宰相者知而無不爲殊不知政事有先後之序緩急之施也子曰齊一變至於魯魯一變至於道子路曰衛君待子而爲政子將奚先可以見古之道已當是時冉有之所先未可知矣然必別有所先而未暇及賦稅也而孔子以此爲急則冉有可謂過已其實豈有聚斂附益之心乎然孔子曰虎兕出於柙龜玉毀於櫝中是誰之過與是所以歸罪於冉有也歸罪於冉有者所以警季氏也首以富於周公起

端可以見已。

柴也愚參也魯師也辟由也喭

【古】弟子高柴字子羔愚愚直之愚」孔安國曰魯鈍也曾子性遲鈍」馬融曰子張才過人失在邪辟文過」鄭玄曰子路之行失於畔喭

【新】柴孔子弟子姓高字子羔愚者知不足而厚有餘家語記其足不履影啟蟄不殺方長不折執親之喪泣血三年未嘗見齒避難而行不徑不竇可以見其爲人矣」魯鈍也程子曰參也竟以魯得之又曰曾子之學誠篤而已聖門學者聰明才辨不爲不多而卒傳其道乃質魯之人爾故學以誠實爲貴也尹氏曰曾子之才魯故其學也確所以能深造乎道也」辟便辟也謂習於容止少誠實也」喭粗俗也傳稱喭者謂俗論也○楊氏曰四者性之偏語之使知自勵也吳氏曰此章之首脫子曰二字或疑下章子曰當在此章之首而通爲一章

趙岐註見孟子盡心篇

【古義】柴孔子弟子姓高字子羔朱氏曰愚者知不足而厚有餘」魯鈍也」朱氏曰辟便辟也謂習於容止少誠實也」朱氏曰喭粗俗也傳稱喭者謂俗論也○吳氏曰此章之首脫子曰二字今從之」此責備賢者之意學者不可以夫子之言少四子也輔氏廣曰愚者知不明魯者才不敏便辟則遺其內粗俗則略乎外皆生質之偏也夫子所以言之者欲使四子自覺其偏而歸於中耳凡聰明者所見雖快所造則淺方涉其藩而自謂入其奧者多矣曾子魯鈍初苦其難入而不敢有易心故其造反深矣

【徵】師也辟馬融曰子張才過人失在邪辟文過朱子曰辟便辟也謂習於容止少誠實也是皆未得其解者也何則邪辟便辟豈子張而若是乎果爾孔子何曰師也過乎趙岐註孟子曰琴張顓孫子

張也其爲人踸踔譎詭論語曰師也辟故不能純善而稱狂學記曰燕朋逆其師燕辟廢其學樂記曰齊音敖辟喬志踸踔一足行貌譎詭謂不拘常度也以此合觀則子張有好敖之失也由也喭鄭玄曰子路之行失於畔喭邢昺曰舊註作吸喭字書吸喭失容也言子路性行剛强常吸喭失於禮容也今本吸作畔王弼云剛猛也朱註乃云粗俗本諸諺俗語也則鄙俚之義也子路升堂豈容以鄙俚品之乎且况喭諺字殊乎大氐此章與賜也達由也果求也藝者殊焉彼稱諸外故揚其善此

稱諸內。故言其失。以使自知之。或使朋友傳之耳。

程子曰。曾子卒傳其道。此何所據。韓愈原道。何足爲據。

子曰回也其庶乎屢空賜不受命而貨殖焉億則屢中

古 言回庶幾聖道雖數空匱而樂在其中賜不受教命唯財貨是殖億度是非蓋美回所以勵賜也一曰屢猶每也空猶虛中也以聖人之善道教數子之庶幾猶不至於知道者各內有此害其於庶幾每能虛中者唯回懷道深遠不虛心不能知道子貢雖無數子之病然亦不知道者雖不窮理而幸中雖非天命而偶富亦所以不虛心也

新 庶近也言近道也屢空數至空匱也不以貧窶動心而求富故屢至於空匱也言其近道又能安

貧也」命謂天命貨殖貨財生殖也億意度也言子貢不如顏子之安貧樂道然其才識之明亦能料事而多中也程子曰子貢之貨殖非若後人之豐財但此心未忘耳然此亦子貢少時事至聞性與天道則不爲此矣〇范氏曰屢空者簞食瓢飲屢絶而不改其樂也天下之物豈有可動其中者哉貧富在天而子貢以貨殖爲心則是不能安受天命矣其言而多中者億而已非窮理樂天者也夫子嘗曰賜不幸言而中是使賜多言也聖人之不貴言也如是

古義庶近也言近道也空匱也言其近道乎不然何能屢至於空匱而不改其樂也」命言天命也殖生也貨殖謂貨財自生也子貢雖不務求富然其才自能致富故曰不受命也億意度也中謂中理也言其才識亦能料事而多中也」人之於貧富有義而已矣苟合於義則可以富可以貧然亦有命非超于貧富之表者則不能泰然自安焉夫莫之致而至者命也苟有所致而至者雖義而非命也若子貢之貨殖固非世之豐財者比然不免有所致而至故可謂之不受命而不可謂無義也是子

易繫辭子曰顏氏之子其殆庶幾乎

告四代禮樂衛靈公篇

孔子知其不可而爲之憲問篇

貢之所以不及顏子也

徵 回也其庶乎。顏氏之子其殆庶幾乎。言其必受命而興也。左傳諸書。可以徵已。孔子告以四代禮樂。亦可以徵已。顏子不幸短命而死。孔子之言不驗。故魏晉間王弼何晏更其訓。而謂庶幾聖道。失於古言。非矣。是孔子語其常已。雖不驗而猶驗矣。且以賜不受命並言。可以見已。有必興之德而屢空。此不欲小用其才故也。世儒多謂顏子樂於陋巷。有孔子在。殊不知孔子知其不可爲而爲之者也。顏子則興於此焉。顏子不欲小用其才。即伊呂

孰愈問公冶長篇

升庵外集經說部

之志也。賜不受命而貨殖焉。喜用其才也。億則屢中。喜用其智也。喜用其才智者。不及顏子也。顏子雖屢至匱乏。而必將與。子貢則用其才於治生。雖不受命而不至乏絕。是其所以殊也。孔門唯顏子子貢以聰明稱。故孔子嘗以孰愈問之。此章亦並言者其故爲爾。殖。升庵以爲與膩通。引考工記說文毛詩註韓文。然中庸曰貨財殖焉。則其說非矣。

子張問善人之道。子曰。不踐迹。亦不入於室。

古 孔安國曰。踐。循也。言善人不但循追舊迹而已。亦少能創業。然亦不入於聖人之奧室。

新 善人。質美而未學者也。程子曰。踐迹。如言循途守轍。善人雖不必踐舊迹。而自不爲惡。然亦不能

入聖人之室也〇張子曰善人欲仁而未志於學者也欲仁故雖不踐成法亦不蹈於惡有諸己也由不學故無自而入聖人之室也

古義善人之道者謂善人之所道也不踐迹不欲循古之成法也不入於室不求入道之精微也善人之所道如此善人者行善而不倦其德有足稱焉者故舉世仰慕焉子張好聞故以善人之道爲問夫子言善人之所道惟欲其自善而不好踐古之成法亦不求入道之蘊奧以是爲道是其所以止爲善人而其德不足法也蓋雖以善人之資然不由學焉則其卒也必不免於自私用智此蓋論善人之道云爾非論善人也

徵世人不識善字是後世佛氏言善而人狃其說一聽善則輒作佛氏之解故朱子謂善人質美而未學者也欲仁而未志於學者也仁齋曰行善而

王者之迹熄孟子離婁篇

大王肇基王迹尚書武成文

不倦。其德有足稱焉者。故舉世仰慕焉。皆爲未識善人之解。孔安國曰。善人不但循追舊迹而已。亦少能創業。然亦不入於聖人之奥室。此漢時猶不失古言矣。盖孔子嘗以聖人並言。可見豪傑之士如管仲輩是也。故孔安國以創業言之。踐迹如王者之迹。王迹。盖先王禮樂有所以統理天下者存焉。是王者已行之舊迹。故謂之迹。如王者之迹熄而詩亡。言禮樂征伐不自天子出也。如大王肇基王迹。言至大王而始踐古先聖王經營天下之迹也。如管仲爲仁於天下。不循聖人之迹。變化縱横。

可欲之謂善盡心篇

或似能入聖人之閫奧。故孔子斷以不入室耳。如管仲輩。亦有其道。故子張以善人之道爲問。如孟子可欲之謂善。亦謂其爲天下之人所好也。五霸假仁。故置諸信之下。大氐後世説古書。皆作窮措大解。可笑之甚。

子曰論篤是與君子者乎色莊者乎

古 論篤者謂口無擇言君子者謂身無鄙行色莊者不惡而嚴以遠小人言此三者皆可以爲善人

新 言但以其言論篤實而與之則未知其爲君子者乎爲色莊者乎言不可以言貌取人也

古義 朱氏曰言但以其言論篤實而與之則未知其爲君子者乎爲色莊者乎言不可以言貌取人也。袁氏黄曰人知浮言不可信乃不知論篤亦不可信此夫子警切之詞

徵 論篤未得其解。何註謂口無擇言。朱註。言論篤實。豈其然。按諸史籍。多稱評論之至者爲篤論。意者論篤必謂時人之論也。是者是非之是。與平聲。言以時論爲是歟。豈知其爲君子者爲色莊者乎。

答子貢見子路篇

與答子貢問鄉人皆好之同意。古註以爲善人之事。失之。

子路問聞斯行諸子曰有父兄在如之何其聞斯行之冉有問聞斯行諸子曰聞斯行之公西華曰由也問聞斯行諸子曰有父兄在求也問聞斯行諸子曰聞斯行之赤也惑敢問子曰求也退故進之由也兼

人故退之

【古】包氏曰：賑窮救乏之事」孔安國曰：當白父兄不得自專」孔安國曰：惑其問同而答異」鄭玄曰：言冉有性謙退，子路務在勝尚人，各因其人之失而正之。

【新】兼人，謂勝人也。張敬夫曰：聞義固當勇爲，然有父兄在，則有不可得而專者。若不稟命而行，則反傷於義矣。子路有聞，未之能行，惟恐有聞，則於所當爲，不患其不能爲矣，特患爲之之意或過，而於所當稟命者有闕耳。若冉求之資稟，失之弱，不患其不稟命也，患其於所當爲者，逡巡畏縮，而爲之不勇耳。聖人一進之，一退之，所以約之於義理之中，而使之無過不及之患也。

【古義】凡爲子弟者，當務體父兄之心，而謙卑遜順，不可自專。子路性剛，故戒之。若冉有之資，則失之於弱，故從其所問而不抑之也」兼猶兼食兼道之兼，謂加倍於人也」此言聖人之教人，或進或退，各有其權，猶天地之道，陽舒陰慘，各當其時，萬物自生成長育於大化之中也。由求之問未必同時，亦未必互問但問同而答異故子華偶見而疑之非其能問則聖人造就二子之意孰能識之後世爲人之師者大類欲以己性之所能而施之于天下之材亦異乎夫子之道矣故不知爲師之道而爲人之師則必賊夫人之子可不謹哉

徵子曰求也退故進之由也兼人故退之大戴禮眞戴德子曰昔商老彭及仲傀政之教大夫官之教士技之教庶人揚則抑抑則揚綴以德行不任以言孔子蓋以是道也

子畏於匡顏淵後子曰吾以女爲死矣曰子在回何敢死

古孔安國曰言與孔子相失故在後包氏曰言夫子在已無所敢死

新 後謂相失在後何敢死謂不赴鬭而必死也胡氏曰先王之制民生於三事之如一惟其所在則致死焉况顔淵之於孔子恩義兼盡又非他人之爲師弟子者而已卽夫子不幸而遇難回必捐生以赴之矣捐生以赴之幸而不死則必上告天子下告方伯請討以復讎不但已也夫子而在則回何爲而不愛其死以犯匡人之鋒乎

古義 朱氏曰後謂相失在後何敢死謂不赴鬭而必死也」觀此言足見夫子若不幸遇難顔子必敢死而不顧身夫子愛護之厚顔子契合之深俱在於道而非恩義兼盡而已也

徵 子畏於匡顔淵後孔安國曰言與孔子相失故在後朱註因之然此不徒相失而已蓋顔子故在後以護孔子蓋鬭也故及其至也子曰吾以女爲死矣顔子曰子在回何敢死包咸曰言夫子在已

無所敢死。是徒解文句耳。蓋顏子不言其鬭以護夫子。而曰夫子無恙。回不敢鬭。一以無伐其勞。一以安夫子之心。藹然君子之言也。故記焉。曰死者。皆謂犯死也。如史殊死戰也。朱子不知古言。懞懂哉。且顏子方其後之時。豈知子在乎。故知是與孔子相見之言也。且所謂夫子不幸而遇難。必捐生以赴之矣。是豈待遇難之後乎。亦豈翅顏子哉。餘子皆能之。上告天子。下告方伯。胡氏動作其春秋之解。何必然。

季子然問仲由冉求可謂大臣與。子曰。吾以子爲異

之問曾由與求之問所謂大臣者以道事君不可則止今由與求也可謂具臣矣曰然則從之者與子曰弒父與君亦不從也

古 孔安國曰子然季氏子弟自多得臣此二子故問之」孔安國曰謂子問異事耳則此二人之問安足爲大乎」孔安國曰言備臣數而已」孔安國曰問爲臣皆當從君所欲邪」孔安國曰言二子雖從其主亦不與爲大逆

新 子然季氏子弟自多其家得臣二子故問之」異非常也曾猶乃也輕二子以抑季然也」以道事君者不從君之欲不可則止者必行己之志」具臣謂備臣數而已」意二子既非大臣則從季氏之所爲而已」言二子雖不足於大臣之道然君臣之義則聞之熟矣弒逆大故必不從之蓋深許二子以死難不可奪之節而又以陰折季氏不臣之心也○尹氏曰季氏專權僭竊二子仕其家而不能正也

子亦有異問乎　季氏篇

知其不可而不能止也可謂具臣矣是時季氏已有無君之心故自多其得人意其可使從己也故曰弒父與君亦不從也其庶乎二子可免矣

古義子然季氏子弟自多其家得臣二子故問之「異非常也曾猶乃也輕二子以抑季然也」以道事君謂能格君心之非而非道不敢陳也止節致爲臣而去「具臣謂備臣數而已」言然則二子可從君之所欲耶「言小事雖未必不從然大義所在亦決不從也」朱氏曰二子雖不足於大臣之道然君臣之義則聞之熟矣弒逆大故必不從之蓋深許二子以死難不可奪之節而又以陰折季氏不臣之心也○觀夫子論大臣以人品而不以位道伸矣雖位在一命不失爲大臣道屈矣雖位在三公不免爲具臣楊雄以大臣許魯兩生則知雖韋帶之士苟有其器則亦可以爲大臣也

徵吾以子爲異之問異之問異問也與子亦有異聞乎之異同矣朱子訓非常非矣

子路使子羔爲費宰子曰賊夫人之子子路曰有民人焉有社稷焉何必讀書然後爲學子曰是故惡夫佞者

古 包氏曰子羔學未熟習而使爲政所以爲賊害孔安國曰言治民事神於是而習之亦學也」孔安國曰疾其以口給應遂己非而不知窮

新 子路爲季氏宰而舉之也」賊害也言子羔質美而未學遽使治民適以害之」言治民事神皆所以爲學」治民事神固學者事然必學之已成然後可仕以行其學若初未嘗學而使之卽仕以爲學其不至於慢神而虐民者幾希矣子路之言非其本意但理屈詞窮而取辨於口以禦人耳故夫子不斥其非而特惡其佞也○范氏曰古者學而後入政未聞以政學者也蓋道之本在於脩身而後及於治人其說具於方冊讀而知之然後能行何可以不讀書也子路乃欲使子羔以政爲學失先後

本末之序矣不知其過而以口給禦人故夫子惡其佞也

【古義】賊害也言子羔質美而學不足遽使之為政適足以害之」言費之邑有民人有社稷可以為政此即學也豈特以讀書為學哉」佞者變亂是非使人迷惑子路之言似有理而實足賊人故夫子深斥之也」范氏曰古者學而後入政未聞以政學者也蓋道之本在於修身而後及於治人其說具於方冊讀而知之然後能行何可以不讀書也子路乃欲使子羔以政為學失先後本末之序矣不知其過而以口給禦人故夫子惡其佞也」論曰夫書所以載前修之嘉言懿行也故不讀書則昧於得失之迹而無應今日之務蓋依舊則易為新學古則能制今不多畜前言往行而能治國安民者未之有也但讀書之法有正有俗有善有不善學者不可不察焉

【徵】夫人之子少之之辭子羔長曾子六歲齒甚卑而學未成故云爾何必讀書然後為學書謂尚書

盡信書孟子盡心篇 易大傳繫辭 莊子天下篇曰詩以道志書以道事

孟子盡信書。易大傳書不盡言。皆謂尚書。莊子曰。書道政事。故子路云爾。後世以爲黃卷。都名。不識古言也。

子路曾皙冉有公西華侍坐子曰以吾一日長乎爾毋吾以也居則曰不吾知也如或知爾則何以哉子路率爾而對曰千乘之國攝乎大國之間加之以師旅因之以饑饉由也爲之比及三年可使有勇且知方也夫子哂之求爾何如對曰方六七十如五六十求也爲之比及三年可使足民如其禮樂以俟君子赤爾何如對曰非曰能之願學焉宗廟之事如會同

端章甫願爲小相焉點爾何如鼓瑟希鏗爾舍瑟而作對曰異乎三子者之撰子曰何傷乎亦各言其志也曰暮春者春服既成冠者五六人童子六七人浴乎沂風乎舞雩詠而歸夫子喟然歎曰吾與點也三子者出曾皙後曾皙曰夫三子者之言何如子曰亦各言其志也已矣曰夫子何哂由也曰爲國以禮其言不讓是故哂之唯求則非邦也與安見方六七十如五六十而非邦也者唯赤則非邦也與宗廟會同非諸侯而何赤也爲之小孰能爲之大

古 孔安國曰皙曾參父名點○孔安國曰言我問汝汝無以我長故難對○孔安國曰汝常居云人不知

已」孔安國曰如有用汝者則何以爲治」率爾先三人對」包氏曰攝迫也迫於大國之間方義方」馬融曰哂笑」求性謙退言欲得方六七十如五六十里小國治之而已」孔安國曰求自云能足民而已謂衣食足也若禮樂之化當以待君子謙也」鄭玄曰我非自言能願學爲之宗廟之事謂祭祀也諸侯時見曰會衆頫曰同端玄端也衣玄端冠章甫諸侯日視朝之服小相謂相君之禮」孔安國曰思所以對故音希」孔安國曰置瑟起對撰具也爲政之具鏗者投瑟之聲」孔安國曰各言已志於義無傷包氏曰暮春者季春三月也春服既成衣單袷之時我欲得冠者五六人童子六七人浴乎沂水之上風涼於舞雩之下歌詠先王之道而歸夫子之門」周生烈曰善點獨知時」包氏曰爲國以禮禮貴讓子路言不讓故笑之」孔安國曰明皆諸侯之事與子路同徒笑子路不讓」孔安國曰赤謙言小相耳誰能爲大相

新 晳曾參父名點」言我雖年少長於汝然汝勿以我長而難言蓋誘之盡言以觀其志而聖人和氣

謙德於此亦可見矣」言汝平居則言人不知我如或有人知汝則汝將何以爲用也」率爾輕遽之貌攝管束也二千五百人爲師五百人爲旅因仍也穀不熟曰饑菜不熟曰饉方向也謂向義也民向義則能親其上死其長矣哂微笑也」求爾何如孔子問也下效此方六七十里小國也如猶或也五六十里則又小矣足富足也俟君子言非己所能冉有謙退又以子路見哂故其詞益遜」公西華志於禮樂之事嫌以君子自居故將言己志而先爲遜詞言未能而願學也宗廟之事謂祭祀諸侯時見曰會衆頫曰同端玄端服章甫禮冠相贊君之禮者言小亦謙辭」四子侍坐以齒爲序則點當次對以方鼓瑟故夫子先問求赤而後及點也希間歇也作起也撰具也暮春和煦之時春服單袷之衣浴盥濯也今上已祓除是也沂水名在魯城南地志以爲有温泉焉理或然也風乘凉也舞雩祭天禱雨之處有壇墠樹木也詠歌也曾點之學蓋有以見夫人欲盡處天理流行隨處充滿無少欠闕故其動靜之際從容如此而其言志則又不過卽其所居之位樂其日用之常初無舍己爲人之

意而其胷次悠然直與天地萬物上下同流各得其所之妙隱然自見於言外視三子之規規於事爲之末者其氣象不侔矣故夫子歎息而深許之而門人記其本末獨加詳焉蓋亦有以識此矣」點以子路之志乃所優爲而夫子哂之故請其說」夫子蓋許其能特哂其不遜」曾點以冉求亦欲爲國而不見哂故微問之而夫子之答無貶詞蓋亦許之」此亦曾晳問而夫子答也孰能爲之大言無能出其右者亦許之之詞（）程子曰古之學者優柔厭飫有先後之序如子路冉有公西赤言志如此夫子許之亦以此自是實事後之學者好高如人游心千里之外然自身卻只在此又曰孔子與點蓋與聖人之志同便是堯舜氣象也誠異三子者之撰特行有不掩焉耳此所謂狂也子路等所見者小子路只爲不達爲國以禮道理是以哂之若達卻便是這氣象也又曰三子皆欲得國而治之故孔子不取曾點狂者也未必能爲聖人之事而能知夫子之志故曰浴乎沂風乎舞雩詠而歸言樂而得其所也孔子之志在於老者安之朋友信之少者懷之使萬物莫不遂其性曾點知之故孔

子喟然歎曰吾與點也又曰曾點漆雕開已見大意

【古義】晳曾參父名點」言我雖年少長於女然女勿以我長而難言蓋誘之盡言以觀其志也」言女居常則言人不知我如有用女者則何以爲治」攝管束也二千五百人爲師五百人爲旅因仍也穀不熟曰饑菜不熟曰饉方義方也哂微笑也」求爾何如孔子問也足富足也冉求承子路之言而言若諸侯之國則吾不能得方六七十或五六十里之地而治之自能富足其民若禮樂固非已所能當待有德君子以任其責焉夫子於冉求之言無貶詞者蓋許之也下倣此」赤又承冉有之言而言非曰能之願學焉者將述下事先叙謙辭也宗廟之事謂祭祀諸侯時見曰會衆頫曰同端玄端服章甫禮冠相贊君之禮者有大相有小相」希間歇也鏗爾投瑟之聲舍置作起也撰具也猶言素蘊」莫春季春今之三月也曾點言志蓋適當暮春時也春服單祫之衣禮二十而冠未冠曰童沂水名在魯城南朱氏曰地志以爲有溫泉焉理或然也風乘涼也舞雩祭天禱雨之處有壇墠樹木也詠歌

也點蓋深厭周末之膠擾而有慕治古之淳風故其所言有唐虞三代之民含哺鼓腹各遂其性氣象故夫子喟然歎曰吾與點也蓋有合於夫子願見唐虞三代之盛之意也」三子同對而夫子特哂子路故曾點疑而問也」治國以禮而子路之對無遜讓之辭故夫子哂其不相稱」此以下亦夫子之言明所以不哂二子之意言冉有志於治國而其辭謙讓不敢斥言邦故不哂之也」公西華不敢斥言諸侯且願爲小相皆其言之謙也孰能爲之大言無能出其右者亦許之之詞」程子曰古之學者優柔厭飫有先後之序如子路冉有公西赤言志如此夫子許之亦以此自是實事後之學者好高如人游心千里之外然自身卻只在此」論曰聖人之學有用之學也苟於經濟之務有所不足則讀書雖多辨理雖明不足爲貴也三子之言自後世觀之固似規規于事爲之末而不要其極者然所志所言皆其實事而非後世鶩空文遺實用者比乃有用之實材也若夫點之言志悠然自得從容暇豫實有鑿井而飲耕田而食帝力何有於我之氣象夫子嘗曰老者安之朋友信之少者懷之禮

記載夫子之語亦曰三代之英丘未之逮也而有志焉若點者蓋雖非中行之事而亦與夫放浪物外者固不同矣暗有合於聖人之意故夫子不覺發歎而深與之

徵以吾一日長乎爾。乎爾語助辭。朱註以汝解爾。失古言也。孔安國曰。言我問女。女無以我長故難對。是豈以汝解乎。如或知爾。爾汝也。勇且知方。何註。方義方。朱註。方向也。何註爲勝。義方出左傳。謂爲人下之道。各有所守。不可轉易。如方隅然。方主於義。故曰義方。易曰。義以方外。是也。鼓瑟希。孔安國曰。思所以對。故音希。古人之解。可謂善得其態已。朱子不用之。希訓閒歇。主一無適錮於中耳。孔

左傳隱公三年

易曰文言

奕小數孟子告子篇

家語弟子解曰曾點疾時禮教不行欲修之孔子善焉論語所謂浴于沂風于

安國又曰鏗者投瑟之聲朱子弗取亦謂不敬邪○三子者之撰孔安國曰撰具也爲政之具易韓康伯解數也仁齋曰猶言素蘊非矣蓋古言猶言三子者之道也孟子曰奕小數也孔安國孝經傳曰廢此二義則萬世不協父子相怨其數然也又曰孝者德之本數之所由生也是安國韓康伯所謂數者可以見已亦當時之言也○按曾點浴沂之答微言也後世詩學不明故儒者不識微言尠得其解者○按曾點有志於禮樂之治見于家語是必有所傳授矣孟子稱點狂者其言曰古之人古之人

舞雩孟子稱點狂者見盡心篇

顏子問爲邦衛靈公篇

其志極大有志於制作禮樂陶冶天下何也所謂古者豈非三代之盛時乎古之人豈非文武周公乎大者豈非治天下乎外此而語大非老莊則理學也然制作禮樂者天子之事革命之秋也故君子諱言之顏子問爲邦可以見已且公西華謙于禮樂而曾點承其後則不容言禮樂且其意小三子志諸侯之治也而難言之故不言志而言己今之時也是微言耳夫子識其意所在故深嘆之也觀其鼓瑟希則久已思所以對也投瑟鏗爾原思備錄其英氣勃勃不可遏者狀也暮春者春服既

子貢答爲衛君之問見述而篇

成數語高朗爽快超然高視狂者之象也大氐孔門諸子穎利不可當觀子貢答爲衛君之問者豈尋常之人哉然朱子人欲淨盡天理流行固其家學仁齋乃言有唐虞三代之民含哺鼓腹各遂其性氣象則老莊之見矣蓋曾點所志乃伊呂之事方其未出則釣渭耕莘若欲終其身者也待明王興而出出則道大行於天下制作禮樂以陶冶天下焉是其志安可言哉且孔子其人也故不言其志而言已今之時則志自可知耳比諸南容則曾點大穎利南容所言亦曾點之志但露其機故孔

南容所言見憲問篇

曾點倚門而歌 禮記檀弓

有是哉子之迂也子路篇 有民人焉有社稷焉本篇

子所以不對也曾點穎悟以不言而言之所以深與之也又觀於季氏之喪曾點倚其門而歌此必其喪不中禮與無喪者同已故曾點之歌所以諷刺之也此皆狂者之事其作用與尋常迥異焉或曰果若子言孔子使言志而曾點不言是宜若不祗孔子之命然曰諸子之於孔子猶如家人父子豈後世尊師道者比哉觀於子路有是哉子之迂也及有民人焉有社稷焉可以見已不啻此也觀於堯舜禹皋陶吁嗟咈俞于一堂上者則師弟子之際可知也已古之道也

論語徵集覽卷之十一終

論語徵集覽卷之十二

魏　何晏　集解

宋　朱熹　集註

大日本　藤維楨　古義

物茂卿　徵

從四位侍從源賴寬　輯

顔淵第十二

顔淵問仁子曰克己復禮爲仁一日克己復禮天下歸仁焉爲仁由己而由人乎哉顔淵曰請問其目子曰非禮勿視非禮勿聽非禮勿言非禮勿動顔淵曰

回雖不敏請事斯語矣

【古】馬融曰克己約身孔安國曰復反也身能反禮則爲仁矣」馬融曰一日猶見歸況終身乎」孔安國曰行善在己不在人」包氏曰知其必有條目故請問之」鄭玄曰此四者克己復禮之目」王肅曰敬事此語必行之

【新】仁者本心之全德克勝也己謂身之私欲也復反也禮者天理之節文也爲仁者所以全其心之德也蓋心之全德莫非天理而亦不能不壞於人欲故爲仁者必有以勝私欲而復於禮則事皆天理而本心之德復全於我矣歸猶與也又言一日克己復禮則天下之人皆與其仁極言其效之甚速而至大也又言爲仁由己而非他人所能預又見其機之在我而無難也日日克之不以爲難則私欲淨盡天理流行而仁不可勝用矣程子曰非禮處便是私意既是私意如何得仁須是克盡己私皆歸於禮方始是仁又曰克己復禮則事事皆仁故曰天下歸仁謝氏曰克己須從性偏難克處

克將去」目條件也顏淵聞夫子之言則於天理人欲之際已判然矣故不復有所疑問而直請其條目也非禮者己之私也勿者禁止之辭是人心之所以爲主而勝私復禮之機也私勝則動容周旋無不中禮而日用之間莫非天理之流行矣事如事事之事請事斯語顏淵默識其理又自知其力有以勝之故直以爲己任而不疑也○程子曰顏淵問克己復禮之目子曰非禮勿視非禮勿聽非禮勿言非禮勿動四者身之用也由乎中而應乎外制於外所以養其中也顏淵事斯語所以進於聖人後之學聖人者宜服膺而勿失也因箴以自警其視箴曰心兮本虛應物無迹操之有要視爲之則蔽交於前其中則遷制之於外以安其內克己復禮久而誠矣其聽箴曰人有秉彝本乎天性知誘物化遂亡其正卓彼先覺知止有定閑邪存誠非禮勿聽其言箴曰人心之動因言以宣發禁躁妄內斯靜專矧是樞機興戎出好吉凶榮辱惟其所召傷易則誕傷煩則支己肆物忤出悖來違非法不道欽哉訓辭其動箴曰哲人知幾誠之於思志士勵行守之於爲順理則裕從欲惟危造次

克念戰兢自持習與性成聖賢同歸愚按此章問答乃傳授心法切要之言非至明不能察其幾非至健不能致其決故唯顏子得聞之而凡學者亦不可以不勉也程子之箴發明親切學者尤宜深玩

【古義】此夫子以仁天下之道告之也克勝也己者對人之稱復反復也克己者猶舍己從人之意言不有己也克己則汎愛衆復禮則有節文故能汎愛人而亦能有節文則仁斯行矣」一日謂志初與起之日也言能一日克其己而反復行禮則天下歸其仁沛然不可禦也末復言我欲仁斯仁至矣之意以決之」目條目也若六言六蔽五美四惡之類也朱氏曰事如事事之事顏子既得聞大綱故復問其條目蓋欲兼其詳而盡之也故夫子舉此四者告之言能如此則仁爲己有而不失焉卽易所謂君子以非禮不履之意於是顏子速契其旨又自知其力有以勝之故直以爲己任而不疑也」顏子王佐之材故以仁天下之道而告之實與損益四代之禮樂以答爲邦之問者相表裏焉蓋仁

脩己以安人 憲問篇

之爲德慈愛惻怛之心內外遠近無所不至在家則行于家在邦則行于邦在天下則行于天下雍裕和穆之風浹乎肌膚淪乎骨髓若堯之光被四表格于上下舜之百揆時叙四門穆穆是也益克己仁之本復禮仁之地非克己則無以得仁非復禮則無以存仁中庸曰齊明盛服非禮不動所以脩身也脩身即所以存仁也孔子曰脩己以安百姓堯舜其猶病諸脩身之功其大矣哉

徵 克己復禮者納身於禮也爲仁者行安民之道也非謂克己復禮即仁也欲行安民之道必先納身於禮而後可得而行也脩己以安人及中庸爲天下國家有九經首修身射義曰射者仁之道也求正諸己己正而后發發而不中則不怨勝己者反求諸己而已矣皆是意古昔聖賢相告戒皆不

子張問見陽貨篇

左傳昭公十二年

過此意。而顏子於爲仁之方。不待教而知之。故孔子以此告之。一日克己復禮。天下歸仁。言苟不脩其身。則雖行仁政。民不歸其仁。是顏子才大。故以行仁政於天下言之。故曰天下歸仁。門人問仁。唯於顏子子張。孔子以天下言之。二子才大故也。爲仁由己。而由人乎哉。言雖行仁於彼。而行之在己。故不脩身不可以行仁也。觀由字。則克己復禮所以行仁而非仁。審矣。左傳曰。克己復禮仁也。古書之言。有若是者。孔子特加爲字。可以見已。馬融曰。克己約身。此古來相傳之說。不可易矣。訓己爲身。

約我以禮子罕篇

湯武反之孟子盡心篇

言可復學而篇

與下文由己相應。約身如約我以禮。觀於下文非禮勿視聽言動。則復禮之外更無復克己者。章章乎明哉。宋儒析以爲二。可謂謬已。勝私欲而復天理。浮屠之遺習。與斷無明証眞如何別乎。且訓己爲私欲。未知何據。又不與由己相應。凡言禮者皆先王之禮也。豈容以天理解之乎。如仁齋以舍己從人解克己。亦強已。舍己豈得謂克己乎。朱註復反也。本諸孔安國。然至於以復初爲說。亦老氏之意。不可從矣。孔安國之意。如反身。湯武反之之反。蓋禮在外。反之於己而踐之。猶之可矣。然言可復

高明柔克書洪範
温克詩小雅小宛篇
子克家易蒙
非禮之禮孟子離婁篇

也○復訓踐○故不如訓踐之勝也○如克敵戰克○克固訓勝○然如高明柔克○沈潛剛克○飲酒温克○子克家○豈容訓勝乎○克家者○謂治家而家莫有不可制者也○克己者○治己而已莫有不可制者也○故馬融訓約身○莫以尚焉○謂檢束其身也○非禮者○謂似禮而非禮者也○孟子所謂非禮之禮○非義之義○可以見已○朱子外先王之禮○而別以天理之節文爲禮○仁齋亦取諸其臆○皆可謂非禮已○學者察諸○仁齋又曰○能汎愛人而亦能有節文○則仁斯行矣○淺矣哉子弟之行○豈可引乎○

仲弓問仁子曰出門如見大賓使民如承大祭己所不欲勿施於人在邦無怨在家無怨仲弓曰雍雖不敏請事斯語矣

【古】孔安國曰爲仁之道莫尚乎敬也」包氏曰在邦爲諸侯在家爲卿大夫

【新】敬以持己恕以及物則私意無所容而心德全矣內外無怨亦以其效言之使以自考也○程子曰孔子言仁只說出門如見大賓使民如承大祭看其氣象便須心廣體胖動容周旋中禮唯謹獨便是守之之法或問出門使民之時如此可也未出門使民之時如之何曰此儼若思時也有諸中而後見於外觀其出門使民之時其敬如此則前乎此者敬可知矣非因出門使民然後有此敬也

愚按克己復禮乾道也主敬行恕坤道也顏冉之學其高下淺深於此可見然學者誠能從事於敬恕之間而有得焉亦將無己之可克矣

古義 出門所謂出則事公卿也如承大祭卽民不可慢之意言以禮存心則仁爲己之有也」此言求仁之要也」此言得仁之效也詩所謂自西自東自南自北無思不服卽此意」仲弓亦直受夫子之言而不敢疑故門人錄之以與顏子儷矣」仲弓之材亞於顏子故夫子亦以仁天下之道告之如見大賓如承大祭執事而敬也已所不欲勿施於人行恕之方也既敬且恕則仁斯行矣所以在邦無怨在家無怨也」論曰孔門諸子於仁之義知之熟矣然於爲仁之方則或未也故弟子之所問夫子之所答皆其爲仁之方而一無論仁之義者譬諸種花仁則花也爲仁之方則其灌漑培植之法也凡弟子之所問夫子之所答皆其灌漑培植之法而未嘗有言形狀色芳者也後儒專從論語字面求仁之理是以灌漑培植之法想像花之形狀色芳也故其於仁或流于虛靜或陷于把捉益以此也及孟子時道衰學廢天下之人非惟不得其方亦且併與其名義而不知之故孟子爲之諄諄然指示之曰惻隱之心仁之端也羞惡之心義之端也又曰人皆有所不忍達之於其所忍仁也人皆有

所不爲達之於所爲義也故欲求爲仁之方者當本之論語而欲明其義者參之孟子可矣

徵出門如見大賓。言政莫非王事也。使民如承大祭。言民莫非天民也。二句言敬。己所不欲。勿施於人。恕也。敬行仁之本。恕行仁之要。在邦謂在邦之人。卿大夫是也。在家謂在家之人。鄉人是也。君奭曰。在家不知。可以見已。二句行仁之效。或以在邦在家爲仲弓在邦在家。非矣。克己復禮與此章。皆古語。故皆曰請事斯語。孔子非先王之法言不敢道者。可以見焉。按仲弓南面之器。故孔子所告諸侯之仁也。如見大賓。如承大祭。與克己復禮同。而

敬以直內易文言傳會指通義全仁山說

彼舉其全。此提其要。至於己所不欲勿施於人。則顏子不須告。天下歸仁。與在邦在家無怨。其言效者亦有廣狹之異。此仲弓之所以不及顏子歟。然如朱子以乾道坤道解之。鑿矣。又有以敬以直內義以方外。傳會此章者。易語臣之道。而此語君道。且義恕不同。皆妄言已。

司馬牛問仁。子曰。仁者其言也訒。曰。其言也訒。斯謂之仁已乎。子曰。爲之難。言之得無訒乎。

【古】孔安國曰。訒難也。牛宋人也。弟子司馬犂。孔安國曰。行仁難。言仁亦不得不難。

【新】司馬牛孔子弟子名犂向魋之弟。訒忍也。難也。仁者心存而不放。故其言若有所忍而不易發。蓋其德之一端也夫子以牛多言而躁故告之以此使其於此而謹之則所以爲仁之方不外是矣」牛意仁道至大不但如夫子之所言故夫子又告之以此蓋心常存故事不苟事不苟故其言自有不得而易者非强閉之而不出也楊氏曰觀此及下章再問之語牛之易其言可知○程子曰雖爲司馬牛多言故及此然聖人之言亦止此爲是愚謂牛之爲人如此若不告之以其病之所切而泛以爲仁之大槩語之則以彼之躁必不能深思以去其病而終無自以入德矣故其告之如此蓋聖人之言雖有高下大小之不同然其切於學者之身而皆爲入德之要則又初不異也讀者其致思焉

【古義】司馬牛孔子弟子史記曰名犂」訒難也仁者德全于内故言不易于外蓋牛之爲人多言而躁故夫子告之以此」牛意仁道至大不但如夫子所言故再問之而夫子又告之以此言仁者專務力行而不以易爲之故其言不得無訒苟易其言則無由以入德矣」夫子每答門弟子問仁必舉仁者之行而告之何也蓋仁無形也及論仁之體不若就仁者之行而論之之明而易知也故或舉仁者

之心而告之。或就仁者之行而言之。如此章是也。○朱氏曰。牛之爲人如此。若不告之以其病之所切。而泛然以爲仁之大概語之。則以彼之躁。必不能深思以去其病。而終無自以入德矣。故其告之如此。

徵 孔子答司馬牛以仁者其言也訒。邢昺引史記（史記仲尼弟子傳）。司馬牛多言而躁。故孔子答之以此。是誠聖人善誘也。朱子曰。仁者心常存。故事不苟。事不苟。故其言自有不得而易者。是自其心學之說。不可從矣。設使其心常存不放。苟無安民之德。安得謂之仁者乎。仁齋曰。仁者專務力行而不以易爲之。亦未免窮措大之見矣。蓋仁者安民長人之德也。仁人者以欺爲心者也民與人亦衆哉爲此則害彼施彼則此怨人與人相因時與事相推我謂是足以利民而爲之而害生於吾所不知者不勘焉故仁人之爲仁每難之佞者則否取其可言而言之不復問其所爲何如故其言每可聽而害乎道此巧言所以鮮仁也而爲之難言之訒以此

司馬牛問君子子曰君子不憂不懼曰不憂不懼斯謂之君子已乎子曰内省不疚夫何憂何懼

古孔安國曰牛兄桓魋將爲亂牛自宋來學常憂懼故孔子解之」包氏曰疚病也自省無罪惡無可憂懼

仁者不憂憲問篇

【新】向魋作亂，牛常憂懼，故夫子告之以此。牛之再問，猶前章之意，故復告之以此。疚，病也。言由其平日所爲無愧於心，故能内省不疚，而自無憂懼，未可遽以爲易而忽之也。○晁氏曰：不憂不懼，由乎德全而無疵，故無入而不自得，非實有憂懼而強排遣之也。

【古義】不憂不懼，非仁且勇者不能，此所以爲君子也。疚，病也。言反觀於己，心無所病，則胸中洒然，理直氣強，何憂懼之有。晁氏曰：不憂不懼，由乎德全而無疵，故無入而不自得，非實有憂懼而強排遣之也。朱氏曰：有憂懼者，内有所慊也。自省其内而無所病，則心廣體胖，何憂懼之有。

【徵】君子不憂不懼。仁齋曰：非仁且勇者不能，是本諸仁者不憂，勇者不懼，可謂奪席之雄已。然孔子曰：内省不疚，夫何憂何懼。此孔子言而孔子解之，此外復何言。舍此而作解，此豈欲勝孔子而上之邪。夫君子成德之稱也。德成於己。故內省不疚。其意或謂仁者勇者皆成德之稱。皆君子也。則孔子何遺知者。

司馬牛憂曰人皆有兄弟我獨亡子夏曰商聞之矣死生有命富貴在天君子敬而無失與人恭而有禮四海之內皆兄弟也

古 鄭玄曰牛兄桓魋行惡死亡無日我爲無兄弟包氏曰君子踈惡而友賢九州之人皆可以禮親

新 牛有兄弟而云然者憂其爲亂而將死也蓋聞之夫子命稟於有生之初非今所能移天莫之爲而爲非我所能必但當順受而已既安於命又當修其在己者故又言苟能持己以敬而不間斷接人以恭而有節文則天下之人皆愛敬之如兄弟矣蓋子夏欲以寬牛之憂故爲是不得已之辭讀

者不以辭害意可也○胡氏曰子夏四海皆兄弟之言特以廣司馬牛之意意圓而語滯者也唯聖人則無此病矣且子夏知此而以哭子喪明則以蔽於愛而昧於理是以不能踐其言爾

古義 按左氏傳宋有司馬牛杜預以爲桓魋之弟今據此章牛實無兄弟明矣左氏所稱別是一人也家語謂孔門司馬牛即是也蓋依左氏而誤也莫之爲而爲者天也莫之致而至者命也言死生存亡富貴利達皆天之所爲命之所至非人力之所能遷何爲妄憂敬以事而言君子敬其事而無失接人恭而有禮則人必親我天下之人皆吾兄弟也何以無兄弟爲患天命不可不順人事不可不自盡故知命者自盡其在己者而無有一毫期望之心又無有一毫怨悔之意若子夏之言可謂達天知命矣

徵 人皆有兄弟○我獨亡○是司馬牛憂桓魋之將爲亂出於孔安國古來相傳之說○仁齋乃曰司馬

牛實無兄弟是其人不學詩故不知言語之道也有兄弟而曰無言語之道爲爾且子夏曰死生有命富貴在天若俾牛實無兄弟是言何所關涉也且憂者憂未然也甚哉仁齋之不識字也死生有命言其不可辭也富貴在天言其不可求也朱子曰命稟於有生之初泥矣凡言命者以其來至爲言者也孔子曰道之將行也與命也道之將廢也與命也是豈稟於有生之初哉如天命之謂性則語性故謂之稟於有生之初可也謂命必稟於有生之初者其究必至於廢學違道不可不辨敬而

無失。無過失也。朱子以不間斷解無失。以有節文解有禮。是自其家學。不可從矣。

子張問明子曰浸潤之譖膚受之愬不行焉可謂明也已矣浸潤之譖膚受之愬不行焉可謂遠也已矣

【古】鄭玄曰譖人之言如水之浸潤漸以成之馬融曰膚受之愬皮膚外語非其內實馬融曰無此二者非但爲明其德行高遠人莫能及

【新】浸潤如水之浸灌滋潤漸漬而不驟也譖毀人之行也膚受謂肌膚所受利害切身如易所謂剝牀以膚切近災者也愬愬己之冤也毀人者漸漬而不驟則聽者不覺其入而信之深矣愬冤者急迫而切身則聽者不及致詳而發之暴矣二者難察而能察之則可見其心之明而不蔽於近矣此亦必因子張之失而告之故其詞繁而不殺以致丁寧之意云○楊氏曰驟而語之與利害不切於

身者不行焉有不待明者能之也故浸潤之譖膚受之愬不行然後謂之明而又謂之遠遠則明之至也書曰

視遠惟明

古義齊氏曰水之潤物其浸以漸故游揚以誣善者曰浸潤之譖膚受之刺痛痒立見故激以切己利害曰膚受之愬也譖毀人之行也愬愬己之冤也」夫子以二者不行最難其人故兼遠而言之」朱氏曰毀人者漸漬而不驟則聽者不覺其入而信之深矣愬冤者急迫而切身則聽者不及致詳而發之暴矣二者難察而能察之則可見其心之明而不蔽于近矣

徵浸潤之譖。膚受之愬。鄭玄曰。譖人之言。如水之浸潤。漸以成之。馬融曰。膚受之愬。皮膚外語。非其內實。朱註。謂肌膚所受。利害切身。然古言皆以淺爲膚。馬融得之。邢昺曰。愬亦譖也。變其文耳。朱註。

譖毀人之行也。愬愬己之冤也。蓋愬己之冤者。必兼譖人。譖人者。不必皆愬己之冤。朱註得之。明者爲人上之德也。故古言明者。以爲人上者言之。此章是也。朱子以爲因子張之失而告之。此自後世明理之說興。而人昧古言。故或疑此章之無味耳。大氐人君喜察。察之明者。必疑其大臣而不任。以近習爲其耳目。古今通弊也。故孔子以不蔽於近臣爲人君之明。可謂萬世之至言已。浸潤之譖。譖之巧者也。膚受之愬。恃寵者也。受冤之淺。輒愬諸君。狎恩所使也。近臣不狎恩。不得用其譖。人君之

書曰太甲

明也。中庸曰。敬大臣則不眩。正與此相表裏。蓋不敬大臣。則下伺上意。結交近臣。明之所以蔽也。既曰明又曰遠者。書曰。視遠惟明。子張蓋問書於孔子也。夫所以不能視遠者。蔽於近故也。大臣得其人。則九牧而萬國。如綱舉而目張。如以臂使指也。不然而欲燭萬里之外。豈可得乎。庸君則疑大臣而任近習。遠之所以不燭也。是視遠之道。亦在不蔽于近耳。

子貢問政子曰足食足兵民信之矣子貢曰必不得已而去於斯三者何先曰去兵子貢曰必不得已而

去於斯二者何先曰去食自古皆有死民無信不立

古 孔安國曰死者古今常道人皆有之治邦不可失信

新 言倉廩實而武備修然後教化行而民信於我不離叛也」言食足而信孚則無兵而守固矣」民無食必死然死者人之所必不免無信則雖生而無以自立不若死之爲安故寧死而不失信於民使民亦寧死而不失信於我也○程子曰孔門弟子善問直窮到底如此章者非子貢不能問非聖人不能答也愚謂以人情而言則兵食足而後吾之信可以孚於民以民德而言則信本人之所固有非兵食所得而先也是以爲政者當身率其民而以死守之不以危急而可棄也

古義 民有恒產則非心不生武備克修則民心不搖教民以信則國本固矣」言兵者保國之要不可去然食足而信孚則無兵而可守故兵可去而食與信不可去也言食者人之天無食則死然死者人之所必有無信則人道不立故食可去而信不可去也」張氏栻曰生則有死人之常理至於無信

則欺詐相奪無復人理是重於死也夫食與兵固爲急務然信爲之本無信則雖有粟而誰與食雖有兵而誰與用哉○程子曰孔門弟子善問直窮到底如此章者非子貢不能問非聖人不能答也

徵足食足兵民信之矣。是子貢爲邊邑宰而問政。故孔子告以此。民信之者。言民信其爲民之父母不疑也。是非由足食足兵而信之。然非足食足兵。則民亦不信之。故足食足兵在前耳。民無信不立者。上無信則民不立也。爲民之父母。仁也。上仁而民信之。是信之在民。故曰民無信不立。其實信者上之所爲也。孔安國曰。治邦不可失信。得之矣。不立者。民心動搖無所措其身也。朱子曰。以民德而言。則信本人之所固有。是不得其解而動爲五常之說。經生哉。仁齋曰。教民以信。講師哉。

棘子成曰君子質而已矣何以文爲子貢曰惜乎夫子之說君子也駟不及舌文猶質也質猶文也虎豹之鞟猶犬羊之鞟

古 鄭玄曰舊說云棘子成衛大夫」鄭玄曰惜乎夫子之說君子也過言一出駟馬追之不及」孔安國曰皮去毛曰鞟虎豹與犬羊別者正以毛文異耳今使文質同者何以別虎豹與犬羊邪

新 棘子成衛大夫疾時人文勝故爲此言」言子成之言乃君子之意然言出於舌則駟馬不能追之又惜其失言也」鞟皮去毛者也言文質等耳不可相無若必盡去其文而獨存其質則君子小人無以辨矣夫棘子成矯當時之弊固失之過而子貢矯子成之弊又無本末輕重之差胥失之矣

【古義】棘子成衛大夫疾時人文勝故爲此言。言子成之所以論君子者失之一偏而不能無害夫君子之言爲世楷摸不可不謹焉而其舌一動則雖駟馬不能追此可惜也。皮去毛曰鞟言文質兩者不可相無而文貴質賤君子小人之所以分者在文而不在質譬如虎豹之鞟與犬羊之鞟無以異也若盡去文而獨存質則君子小人何所分哉。夫君子之所以爲君子者文而已矣而所謂文者謂文質適均之文非對質之文也所謂郁郁乎文哉是也禮儀三百威儀三千貴賤尊卑各有等威謂之文非文質彬彬則不可以謂之文也若盡去其文而獨存其質則與野人無異豈足主張風教維持世道哉此子貢所以惜子成之言也

【徵】惜乎夫子之説君子也。九字一句。朱註謂子成之言。乃君子之意。是折爲二句。非矣。文猶質也。質猶文也。言文質之不可相無也。虎豹之鞟。猶犬羊

之鞟言文之可貴也言苟以鞟則虎豹猶犬羊也上下意殊何註令使文質同者何以別虎豹與犬羊耶是作一意相承文猶質也質猶文也子成之意而虎豹之鞟猶犬羊之鞟子貢之意也然子成分明貴質故何註非矣朱子曰棘子成矯當時之弊固失之過而子貢矯子成之弊又無本末輕重之差胥失之矣是朱子不知言語之道吹毛求疵仁齋曰夫君子之所以爲君子者文而已矣而所謂文者謂文質適均之文非對質之文也所謂郁郁乎文哉是也禮儀三百威儀三千貴賤尊卑各

郁郁乎文哉八佾篇

有等威謂之文非文質彬彬則不可謂之文也若盡去其文而獨存其質則與野人無異豈足主張風教維持世道哉是與其平生議論大殊豈欲殊朱子爲其病根邪夫質者質行也謂孝弟忠信也文者謂禮樂也如質勝文則野文勝質則史文質彬彬然後君子及此章皆以質行禮樂對言孝弟忠信者君子野人皆不可無而禮樂則君子之所獨其義甚明矣夫文一而已皆對質言之豈有所謂文質適均之文者哉後儒昧乎古言乃欲就禮樂上分文質是古書所無妄之甚者也仁齋又踵

其誤而謂此爲文質適均之文。彼爲對質之文。其人嘗譏宋儒有理之命氣之命。而今又倣其尤者。何哉。至於主張風教維持世道之言。最可笑之甚。夫文者禮樂也。禮樂者先王之道也。先王之道治人之道也。君子治人者也。野人治於人者也。故君子之所以爲君子者。文而已矣。徒以主張風教維持世道。則孔子何曰。文王既沒。文不在茲乎。中庸何曰。文王之所以爲文也乎。

文王既沒子罕篇

哀公問於有若曰。年饑用不足。如之何。有若對曰。盍徹乎。曰。二吾猶不足。如之何其徹也。對曰。百姓足。君

孰與不足百姓不足君孰與足

【古】鄭玄曰盍者何不也周法什一而稅謂之徹徹通也爲天下通法」孔安國曰二謂什二而稅」孔安國曰孰誰也

【新】稱有若者君臣之詞用謂國用公意蓋欲加賦以足用也」徹通也均也周制一夫受田百畝而與同溝共井之人通力合作計畝均收大率民得其九公取其一故謂之徹魯自宣公稅畝又逐畝什取其一則爲什而取二矣故有若請但專行徹法欲公節用以厚民也」二即所謂什二也公以有若不諭其旨故言此以示加賦之意」民富則君不至獨貧民貧則君不能獨富有若深言君民一體之意以止公之厚斂爲人上者所宜深念也○揚氏曰仁政必自經界始經界正而後井地均穀祿平而軍國之需皆量是以爲出焉故一徹而百度舉矣上下寧憂不足乎以二猶不足而教之徹疑若迂矣然什一天下之中正多則桀寡則貉不可改也後世不究其本而唯末之圖故征斂無藝費出

無經而上下困矣又惡知盍徹之當務而不爲迂乎

【古義】用謂國用」鄭氏曰周法什一而稅謂之徹徹通也爲天下之通法愚按周禮鄉遂用貢法都鄙用助法皆一夫授田百畝蓋通貢助二法而用之其實皆什一也故謂之徹有若以爲一行徹法則上下均足不至饑乏」魯自宣公初稅畝又每畝十取其一故曰二哀公因有若之言又言其不能徹之意君以民立無民則無君故百姓足則君自足百姓不足則君亦不足有若深言君民一體之意以止公之厚斂」詩云經始靈臺經之營之庶民攻之不日成之經始勿亟庶民子來是謂君民一體有若所謂百姓足君孰與不足是也○揚氏曰仁政必自經界始經界正而後井地均穀祿平而軍國之需皆量是以爲出焉故一徹而百度舉矣上下寧憂不足乎以二猶不足而教之徹疑若迂矣然什一天下之中正多則桀寡則貉不可改也後世不究其本而唯末之圖故征斂無藝費出無經而上下困矣又惡知盍徹之當務而不爲迂乎

稅畝已見

徹 年饑用不足。哀公之意。言其所以自供不足也。有若以爲所以振濟民不足也。是用字。哀公以其好用言之。而有若以國用視之。故曰盍徹乎。魯自宣公稅畝。則民習於二者久矣。今値年饑而復徹。則民不困於饑也。及其曰二吾猶不足。而有若悟哀公之意。故言君民一體之義以喻之。爲其國君而急民故也。不爾。問答不相應。豈不誠迂乎。舊註皆不得其解矣。古註。周法什一而稅。謂之徹。徹通也。爲天下之通法。貢助豈不爲天下之通法乎。仁齋曰。通貢助二法而用之。故謂之徹。亦非命名之義。蓋夏貢殷助。周兼用二法。而皆通耕均收。故謂之徹耳。夏貢殷助。不必皆通耕均收。而周創通耕均收之制。是周制所以益詳也。楊氏之言。朱註收之。雖非有若盍徹之意。所謂一徹而百度舉矣者。亦至論也。蓋周禮壞而徹廢。何則。量入以爲出。什一之稅。僅足以行周官之制度耳。

子張問崇德辨惑。子曰。主忠信。徙義。崇德也。愛之欲其生。惡之欲其死。既欲其生。又欲其死。是惑也。誠不以富。亦祇以異。

【古】孔安國曰。辨。別也。包氏曰。徙義。見義則徙意而從之。包氏曰。愛惡當有常。一欲生之。一欲死之。是

心惑也」鄭玄曰此詩小雅也祇適也言此行誠不可以致富適足爲異耳取此詩之異義以非之

【新】主忠信則本立徙義則日新」愛惡人之常情也然人之生死有命非可得而欲也以愛惡而欲其生死則惑矣既欲其生又欲其死則惑之甚也」此詩小雅我行其野之詞也舊說夫子引之以明欲其生死者不能使之生死如此詩所言不足以致富而適足以取異也程子曰此錯簡當在第十六篇齊景公有馬千駟之上因此下文亦有齊景公字而誤也○楊氏曰堂堂乎張也難與並爲仁矣則非誠善補過不蔽於私者故告之如此

【古義】主忠信則崇德之基立矣徙義則崇德之功速矣」死生之命由天非人之所能短長也而常人之情愛人之甚欲其常生及其惡之也亦欲其死此非惑乎苟辨之則凡似此之類皆不肯爲」此詩小雅我行其野之詞也程子曰此錯簡當在第十六篇齊景公有馬千駟之上因此下文亦有齊景公字而誤也」非崇德則無以得學問之實非辨惑則無以見學問之功皆學者之切務也

易曰文言

詩書義之府也二句數見上

戴記曰見禮器

詩小雅瞻彼洛矣

又曰卷伯

徵 崇德俾德崇也。易曰。忠信所以進德也。主之云者。以此而學也。古之學。詩書禮樂。詩書義之府也。禮樂德之則也。戴記曰。忠信之人。可以學禮。此曰徙義。皆加之以學。是主字之義也。學而曰過則勿憚改。亦徙義也。愛之欲其生。惡之欲其死。人之情也。非惑。詩曰。君子萬年。又曰。投畀豺虎。可以見已。宋儒以欲生欲死爲惑。是佛老之見耳。又昧乎惑字之義矣。惑者。無定見而爲人眩惑也。善人當愛。不善人當惡。是其人之善不善素定。然嚮所愛之人。今則惡之。是我無定見。而爲物眩惑。故孔子極言愛惡之至以明之。愛之甚。欲其生。惡之甚。欲其死。是愛惡豈可遽變乎。可見其爲物眩惑。是孔子之意也。後儒昧乎辭而不得其解。以陷於佛老悲哉。誠不以富二句。程子以爲當在第十六篇。齊景公有馬千駟之上。今從之。

齊景公問政於孔子。孔子對曰。君君。臣臣。父父。子子。公曰。善哉。信如君不君。臣不臣。父不父。子不子。雖有粟。吾得而食諸。

古孔安國曰。當此時。陳恒制齊。君不君。臣不臣。父不父。子不子。故以對。孔安國曰。言將危也。陳氏果滅齊。

新 齊景公名杵臼，魯昭公末年孔子適齊」此人道之大經政事之根本也是時景公失政而大夫陳氏厚施於國景公又多內嬖而不立太子其君臣父子之間皆失其道故夫子告之以此」景公善孔子之言而不能用其後果以繼嗣不定啓陳氏弑君篡國之禍○楊氏曰君之所以君臣之所以臣父之所以父子之所以子是必有道矣景公知善夫子之言而不知反求其所以然蓋悅而不繹者齊之所以卒於亂也

古義 景公名杵臼」爲政以彝倫得叙爲本當是之時齊國君臣父子皆失其道故夫子以此告之」言必至危亡不得享其祿」朱氏曰景公善孔子之言而不能用其後果以繼嗣不定啓陳氏弑君篡國之禍○爲政之本在於君臣父子各得其所而不紊苟不求其本而唯末之圖則施爲雖當條令雖明豈足以善其國乎蓋夫子爲景公問政而對故其責成專在君上惜乎景公知善夫子之言而不知反求于其身此齊之所以卒于亂也若後之人君讀此而不知反求於其身則又一齊景公也

徵無說

子曰片言可以折獄者其由也與子路無宿諾

古 孔安國曰片猶偏也聽訟必須兩辭以定是非偏信一言以折獄者唯子路可也」宿猶豫也子路篤信恐臨時多故故不豫諾

新 片言半言折斷也子路忠信明決故言出而人信服之不待其辭之畢也」宿留也猶宿怨之宿急於踐言不留其諾也記者因夫子之言而記此以見子路之所以取信於人者由其養之有素也○尹氏曰小邾射以句繹奔魯曰使季路要我吾無盟矣千乘之國不信其盟而信子路之一言其見信於人可知矣一言而折獄者信在言前人自信之故也不留諾所以全其信也

古義 片孔氏曰猶偏也片言半言折斷也」此言子路之爲人氣質明決能得聽人之片言以斷其誠僞可見其有政事之才也故曰由也果於從政乎何有」朱氏曰宿留也猶宿怨之宿急於踐言不留

其諾也記者因夫子之言而類記之古本或以此別爲一章至於邢氏連合上章今又別爲一章以復其舊云子路忠信剛果急於踐言而不慢人之約小者如此大者可知

徵片言可以折獄蓋古語也孔子誦以美子路片言者聽訟者之片言也朱註得之古註謂不具兩造豈有聽訟而不待兩造者乎可謂謬矣子路無宿諾古註宿猶豫也如豫約來年是也事不可豫知故無豫諾欲不爽諾也朱註宿留也迫急之甚是自宋儒之見耳此因唯恐有聞而生此解然學問之事自不與已諾同也

唯恐有聞公冶長篇

子曰聽訟吾猶人也必也使無訟乎

古 包氏曰言與人等

王肅曰化之在前

新 范氏曰聽訟者治其末塞其流也正其本清其源則無訟矣○楊氏曰子路片言可以折獄而不知以禮遜爲國則未能使民無訟者也故又記孔子之言以見聖人不以聽訟爲難而以使民無訟爲貴

古義 此言治民者皆以聽訟爲能而不知使民無訟之爲至故門人記之以明正其本清其源則自無訟也○陳氏櫟曰聽訟者決民之爭無訟者躬行化民而民自不爭無訟之可聽非禁之使然默化潛孚若使之耳

徵 聽訟吾猶人也。聖人之不貴聰明也。必也使無訟乎。言若必欲見我之材。則使民無訟。是或可能。若聽訟則非我所長也。蓋世貴才諝。以善聽訟誇其能者有之。然人之情僞萬端。訟之不易聽。必欲於此見其長。則其害有不可勝道者。故孔子云爾。學者多昧必也二字之解。

子張問政。子曰。居之無倦。行之以忠。

【古】王肅曰言爲政之道居之於身無得懈倦行之於民必以忠信

【新】居謂存諸心無倦則始終如一行謂發於事以忠則表裏如一○程子曰子張少仁無誠心愛民則必倦而不盡心故告之以此

【古義】朱氏曰居謂存諸心行謂發於事不顧乎其外則自無倦視之猶己事則必以忠無倦則見功速矣以忠則事必成矣此二者爲政之至要也

【徵】王肅曰。言爲政之道。居之於身。無得解倦。行之

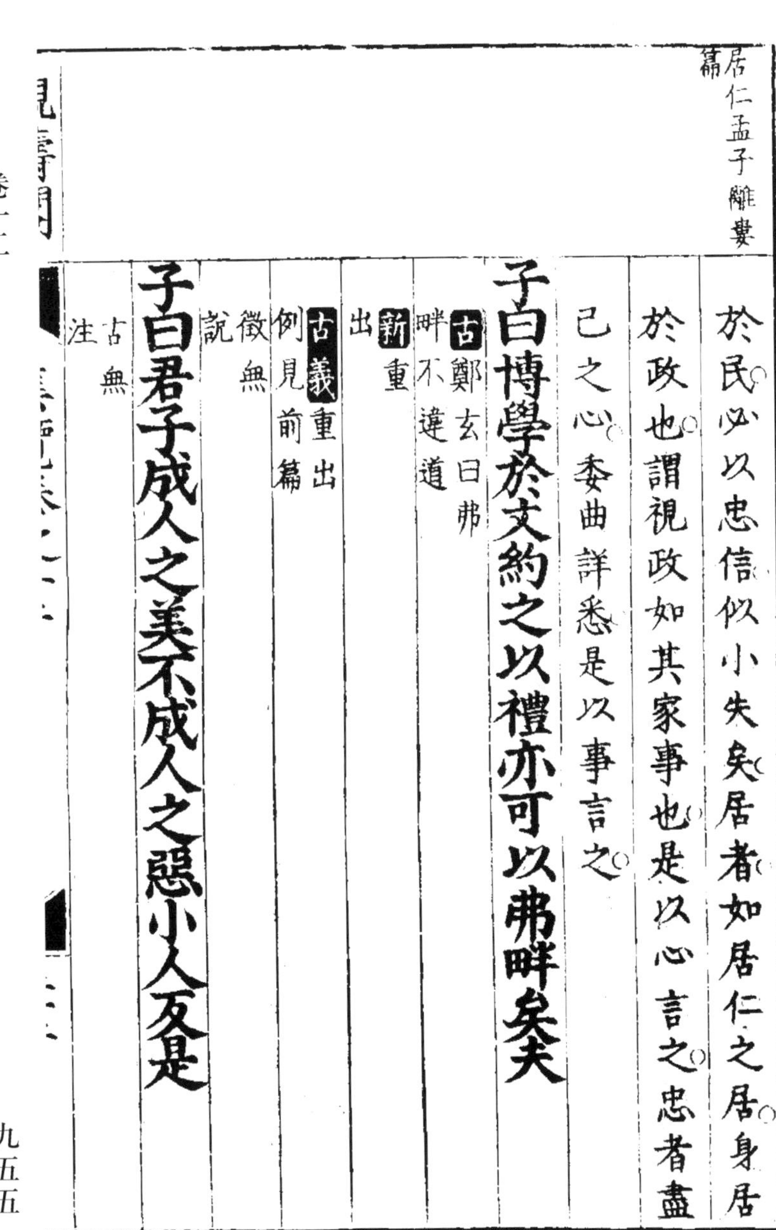

居仁孟子離婁篇

於民。必以忠信。似小失矣。居者。如居仁之居。身居於政也。謂視政如其家事也。是以心言之。忠者盡己之心。委曲詳悉。是以事言之。

子曰博學於文約之以禮亦可以弗畔矣夫

古 鄭玄曰弗畔不違道

新 重出

古義 重出例見前篇

徵 無說

子曰君子成人之美不成人之惡小人反是

古 無注

新成者誘掖獎勸以成其事也君子小人所存既有厚薄之殊而其所好又有善惡之異故其用心不同如此

古義成者謂成全其事也君子之心善善長而惡惡短故人之有美名也褒稱揄揚以欲成全其事其有惡名也分疏恕宥使其不終爲惡人舜之隱惡而揚善其事亦相類小人之心刻薄而忌善人有美名則發擿隱伏以沮壞其事有惡聲則文致羅織以證成其罪君子小人用心不同每每如此

徵仁齋先生曰君子之心善善長而惡惡短故人之有美名也褒稱揄揚以欲成全其事其有惡名也分疏恕宥使其不終爲惡人有味哉其言之學者忽觀此章必欲沮壞其惡是見一生所見無善天下之人皆惡人則其人一生以沮壞人事爲務

是聖人之心哉朱子之解或有是弊學者察諸

季康子問政於孔子孔子對曰政者正也子帥以正孰敢不正

【古】鄭玄曰康子魯上卿諸臣之帥也

【新】范氏曰未有己不正而能正人者○胡氏曰魯自中葉政由大夫家臣效尤據邑背叛不正甚矣故孔子以是告之欲康子以正自克而改三家之故惜乎康子之溺於利欲而不能也

【古義】君者本也民者末也表正則影直源清則流澄故曰其身正不令而行其身不正雖令不從記曰堯舜帥天下以仁而民從之桀紂帥天下以暴而民從之其所令反其所好而民不從大凡聖賢之論政反其本皆如此通下二章皆此意云

徵無說

季康子患盜問於孔子孔子對曰苟子之不欲雖賞之不竊

古 孔安國曰欲多情欲言民化於上不從其令從其所好

新 言子不貪欲則雖賞民使之爲盜民亦知恥而不竊（胡氏曰季氏竊柄康子奪嫡民之爲盜固其所也盍亦反其本耶孔子以不欲啓之其旨深矣奪嫡事見春秋傳

古義 治民之方在德不在術凡民之非心皆上之所使苟爲上者帥之以廉恥則民皆感化雖賞之使爲盜而民亦知恥而不竊又何患盜康子徙意弭盜之有術而不知反其本夫子正其本而告之其意切矣

公綽之不欲憲問篇

徵 苟子之不欲。公綽之不欲。皆謂廉也。猶言無欲。古言爲爾。不知者乃謂不欲與無欲殊矣。故詳諸。

季康子問政於孔子曰如殺無道以就有道何如孔子對曰子爲政焉用殺子欲善而民善矣君子之德風小人之德艸艸上之風必偃

【古】孔安國曰就成也欲多殺以止姦」孔安國曰亦欲令康子先自正偃仆也加艸以風無不仆者猶民之化於上

【新】爲政者民所視效何以殺爲欲善則民善矣上一作尚加也偃仆也○尹氏曰殺之爲言豈爲人上之語哉以身教者從以言教者訟而況於殺乎

【古義】就成也」言子爲執政安用刑殺子欲善則民皆善」上一作尚加也偃仆也亦欲康子先自正也」善善惡惡二者固不可無然善善則不用惡惡而惡者自善矣若夫不善善而徒欲必去惡則惡者不可勝去而善者亦不得成矣康子蓋欲殺惡人以成善人而不知成善人則惡人自化故曰子欲

善而民善矣末又設譬以言民之易化而感孚甚速也

徵 君子之德風小人之德草君子在上之稱小人謂民古書每然德字如民德歸厚之德謂自然有若是者也如其它三達德六德九德雖與是不同亦當由此轉觀庶可以識古言已

民德歸厚學而篇 三達德中庸六德周禮大司徒 九德書皐陶謨

子張問士何如斯可謂之達矣子曰何哉爾所謂達者子張對曰在邦必聞在家必聞子曰是聞也非達也夫達也者質直而好義察言而觀色慮以下人在邦必達在家必達夫聞也者色取仁而行違居之不疑在邦必聞在家必聞

古 鄭玄曰言士之所在皆能有名譽」馬融曰常有謙退之志察言語見顔色知其所欲其志慮常欲以下人」馬融曰謙尊而光卑而不可踰」馬融曰此言佞人假仁者之色行之則違安居其僞而不自疑」馬融曰佞人黨多

新 達者德孚於人而行無不得之謂子張務外夫子蓋已知其發問之意故反詰之將以發其病而藥之也」言名譽著聞也」聞與達相似而不同乃誠僞之所以分學者不可不審也故夫子既明辨之下文又詳言之」內主忠信而所行合宜審於接物而卑以自牧皆自修於內不求人知之事然德修於己而人信之則所行自無窒礙矣善其顔色以取於仁而行實背之又自以爲是而無所忌憚此不務實而專務求名者故虛譽雖隆而實德則病矣○程子曰學者須是務實不要近名有意近名大本已失更學何事爲名而學則是僞也今之學者大抵爲名爲名與爲利雖清濁不同然其利心則一也尹氏曰子張之學病在乎不務實故孔子告之皆篤實之事充乎內而發乎外者也當時門

人親受聖人之教而差失有如此者況後世乎

【古義】達者謂內有其實名譽自達也夫子疑子張所謂達者未必達之本意故反詰之將以發其病而藥之子張之所言達者如此也聞者謂致飾乎外以致名聞也質直好義則不事矯飾察言觀色則不自滿假慮以下人則不敢自高此皆修己自謙不求人知之事然能如此則德修于己而人必信之聲名自達于四方也善顏色以取於仁而行實違之其本心又自以爲是而無所忌憚故名譽雖著聞於時而實德則病矣夫聞達之辨明而後學者之志定矣聞者虛于中而聲于外不務于實而務于名達者足于此而通于彼自修於中而不求人知乃誠僞之所在而君子小人之所以分也凡後世所謂達者皆聞也而非達也學者宜審擇焉

【徵】聞達之分。聞者主名之聞於世而言之也。達者主我道之行於世而言之也。質直。不事矯飾也。朱子以忠信解之○似而非矣○好義不苟阿也○察言而觀色○察人之言○觀人之色也○慮以下人○慮者謂用心委曲也○皆有遜志柔順意雖不矯飾不苟阿而亦必柔順謙卑○乃達之道也○辟如風乎○巽以入○是以達於宇內而莫之能過焉如亢簡絶物○雖質直好義乎○不能達也○色取仁者○唯顏色學仁者也○取者○謂取之於仁者也○行違者○謂行與顏色違也○仁齋謂行實違其本心○非也○蓋其意謂色取仁者亦非有意於爲不善矣○但其學仁而不得其道○故唯以善顏色○而其所行非仁○乃有違其初心○是亦善

靜言庸違書堯典

得孔子言之之意矣。然是與靜言庸違義同。則不得於辭者已。居之不疑。是又色取仁者之所以聞也。久假而不歸。有似其有也。

樊遲從遊於舞雩之下曰敢問崇德脩慝辨惑子曰善哉問先事後得非崇德與攻其惡無攻人之惡非脩慝與一朝之忿忘其身以及其親非惑與

古 包氏曰舞雩之處有壇墠樹木故下可遊焉孔安國曰慝惡也脩治也治惡爲善孔安國曰先勞於事然後得報

新 胡氏曰慝之字從心從匿蓋惡之匿於心者脩者治而去之善其切於爲己先事後得猶言先難後獲也爲所當爲而不計其功則德日積而不自知矣專於治己而不責人則己之惡無所匿矣知

一朝之忿爲甚微而禍及其親爲甚大則有以辨惑而懲其忿矣樊遲麤鄙近利故告之以此三者皆所以救其失也○范氏曰先事後得上義而下利也人惟有利欲之心故德不崇惟不自省己過而知人之過故慝不脩感物而易動者莫如忿忿其身以及其親惑之甚者也惑之甚者必起於細微能辨之於早則不至於大惑矣故懲忿所以辨惑也

古義 慝隱惡也脩者治而去之」遲當從遊之際忽發切身之問故夫子善其問」先勞於事而後得其報則其德日進以極高明矣」專於治己之惡而無意攻人之惡則視其惡分明而無所匿矣」此惑之甚易知者而人情之所或不免若辨其爲惑則其他似此之類皆得能辨之」此雖因樊遲之病而告之然聖人之言實萬世之典則學者之懿範人人所當佩服者也而視前所告子張者其言切其旨厲蓋由樊遲之所問益切於爲己也學者其可不深味之哉

徵 樊遲從遊於舞雩之下。門人詳録是者。何謂也。

未見顏色而言
季氏篇

樊遲聞夫子之教而謹録焉書其地者謹之道也且古者侍於君子未見顏色而言謂之瞽見顏色者見顏色之愉也樊遲從遊於舞雩之下見夫子之暇而愉也故問其所欲問尊師之道也且古者君子惡舉人之過而欲聞其過惡舉人之過也弟子有問於稠人之中則師或不斥其過焉故弟子欲聞其過者必於無人之處焉如舞雩之下是也非不欲暴己之過也恐君子之難言之也學之道也夫子善其問朱子曰善其切於爲己是或然矣然以樊遲之難問故夫子奬之亦善誘之道也

樊遲録而地焉後君子從而弗削焉其諸以是乎崇德脩慝辨惑葢古書之文也先事後得朱子曰猶言先難後獲也孔安國曰先勞於事然後得報爲是朱子以得爲効辨見于上大氐古人所謂學在應事接物之際而非如後世動求諸心者故謂之事可以見己以得其報爲心則必有作輟德之所以不崇也攻其惡無攻人之惡唯其心之所嚮而慝可見也惑者知爲物奪也一事輕而身與親重凡人所見之常皆然然有時乎一朝之忿忘其身以及其親者非知爲物奪邪

樊遲問仁子曰愛人問知子曰知人樊遲未達子曰舉直錯諸枉能使枉者直樊遲退見子夏曰鄉也吾見於夫子而問知子曰舉直錯諸枉能使枉者直何謂也子夏曰富哉言乎舜有天下選於衆舉皐陶不仁者遠矣湯有天下選於衆舉伊尹不仁者遠矣

古 包氏曰舉正直之人用之廢置邪枉之人則皆化爲直」孔安國曰富盛也」孔安國曰言舜湯有天下選擇於衆舉皐陶伊尹則不仁者遠矣仁者至矣

新 愛人仁之施知人知之務」曾氏曰遲之意蓋以愛欲其周而知有所擇故疑二者之相悖爾」舉直錯枉者知也使枉者直則仁矣如此則二者不惟不相悖而反相爲用矣」遲以夫子之言專爲知者之事又未達所以能使枉者直之理」歎其所包者廣不止言知」伊尹湯之相也不仁者遠言人皆化

而爲仁不見有不仁者若其遠去爾所謂使枉者直也子夏蓋有以知夫子之兼仁知而言矣○程子曰聖人之語因人而變化雖若有淺近者而其包含無所不盡觀於此章可見矣非若他人之言語近則遺遠語遠則不知近也尹氏曰學者之問也不獨欲聞其說又必欲知其方不獨欲知其方又必欲爲其事如樊遲之問仁知也夫子告之盡矣樊遲未達故又問焉而猶未知其何以爲之也及退而問諸子夏然後有以知之使其未喻則必將復問矣既問於師又辨諸友當時學者之務實也如是

古義遲於仁則既達其理矣但疑知之德不止知人也」此言知人之德甚廣也」此專疑夫子論知之語而問之」富盛也言夫子論知之一言甚富盛無所不該也」皐陶舜時爲士官伊尹湯相朱氏曰不仁者遠言人皆化而爲善不見有不仁者若其遠去爾所謂使枉者直也」此章知人以下專言知之德甚大也樊遲之所疑夫子之所答子夏之所述皆在於知矣遲初非疑仁知之相悖夫子亦非兼

仁知而言也夫子嘗答哀公又曰舉直錯諸枉則民服焉哀公徒知舉錯得當則人心服焉而不知一言之中亦自有舜湯治天下之盛如此其大也由是觀之則凡聖人之言皆隨觀者之淺深而爲之廣狹如此學者其可不盡心哉

徵樊遲問仁。子曰。愛人。謂仁人也。蓋仁爲安民之德。然徒以安民爲仁。則小子欲爲仁而不可得焉。故告以仁者之愛人也。知人。亦謂知者也。知者之事。豈止知人哉。然徒求於廣遠。則非所以便於學者焉。故告以知者之知人也。然孔子所謂愛人。亦謂能成其愛也。則安之也。知人。亦謂能成其知。則用之也。後儒泥孟子。而以惻隱視仁。以是非視知。

動求諸心。故言愛而不及安之言知而不及用之。愛不能成其愛。知不能成其知。以貽有體無用之誚者。乃坐溺乎流而昧乎源。是以不識古言。失於孔子之心也。學者察諸。

舉直錯諸枉。蓋古語。言積材之道者也。直者。材之良者也。枉者材之不良者也。謂舉直而措之乎枉之上。枉者爲直者所厭而自直也。以木材之良不良喻人材焉。不爾。曲直豈足語臯陶伊尹乎。且衆枉豈可悉廢乎。不仁者遠矣。朱子曰。言人皆化而爲仁。不見有不仁者。若其遠去爾。所謂使枉者直

焉知賢才而舉之子路篇

也得之。但樊遲未達。朱註以爲疑仁知之相悖。仁齋先生曰。知人以下。專言知之德甚大也。樊遲之所疑。夫子之所答。子夏之所述。皆在於知矣。遲初非疑仁知之相悖。夫子亦非兼仁知而言也。爲是如朱子富哉之解。失於巧矣。樊遲蓋疑人之不可悉知也。猶如仲弓焉知賢才而舉之也。能使枉者直。樊遲未之信。所以問子夏也。子夏引舜湯之事以証之已。大氐後人以知人爲知人之賢不賢。殊不知聖人之意。唯言知賢人也。唯賢人爲難知焉。非知者不能知之矣。故以知人爲知者之事。學者

思。諸

子貢問友。子曰。忠告而善道之。不可則止。無自辱焉。

【古】包氏曰。忠告以是非告之。以善道道之。不見從則止。必言之或見辱。

【新】友所以輔仁。故盡其心以告之。善其說以道之。然以義合者也。故不可則止。若以數而見疏。則自辱矣。

【古義】此言交友之道。在於能盡其心而告之。又善其說以道之。然其人不可。則暫止不言。亦俟其自悟。若數而無節。則返致嫌厭。勿自取辱可也。○朱氏曰。與之處而不告其過。非忠也。要使誠意交通。在未言之前。則言出而人信矣。不信。誠之不至也。

【徵】忠告而善道之。不可則止。仁齋先生曰。其人不可。則暫止不言。俟其自悟。有味乎其言之矣。人多

友直諒多聞季氏篇

以爲交於是乎可絶矣。小人哉。

曾子曰君子以文會友以友輔仁

古 孔安國曰友以文德合」孔安國曰友有相切磋之道所以輔成己之仁

新 講學以會友則道益明取善以輔仁則德日進

古義 言君子不徒會友其會之也必取講磨之益無友不如已者其友之也必取輔仁之人此君子之所以日新其德也

徵 以文會友。古者宴會。皆用禮樂。文者禮樂也。友直。友諒。友多聞。所以輔仁也。不言輔德而言輔仁。是道也者先王之道也。而學者依於仁。

論語徵集覽卷之十二 終